JOSEPH LESCURE

LICENCIÉ ÈS LETTRES
MÉDAILLE MILITAIRE

LE
RENOUVEAU CATHOLIQUE

DANS

L'ENSEIGNEMENT PRIMAIRE

PRIX FRANCO :

L'exemplaire..............	2 fr. 50	*(sans majoration)*		
Dix exemplaires..........	20 francs	—		—
Vingt exemplaires........	35	—	—	—
Cinquante exemplaires....	70	—	—	—

CHEZ L'AUTEUR

Saint-Saury, par Le Rouget (Cantal)

BULLETIN

DES

Institutrices Catholiques de l'Enseignement Primaire

Mlle VALLAT, 19, rue du Gazomètre, LYON

Un an : 5 Francs

Le mouvement de renouveau qui, depuis vingt ans, attire vers le catholicisme une élite de savants, de penseurs et d'écrivains ne pouvait rester sans influence sur les milieux enseignants, si ouverts à tous les larges courants de la pensée française. En même temps que les professeurs des Lycées et des Facultés se groupaient autour du *Bulletin* fondé par Joseph Lotte et repris, après la mort de celui-ci au champ d'honneur, par des professeurs lyonnais, des institutrices publiques, restées croyantes ou revenues au catholicisme après une dramatique crise intérieure et douloureusement frappées de leur isolement, sentaient le besoin de se grouper, de créer un lien entre elles et fondaient un modeste organe destiné à être l'expression de leur foi, à en pénétrer leur pensée et leur vie et à discuter loyalement les objections soulevées contre elle.

Telle fut l'origine du *Bulletin*. Correspondance manuscrite en 1910, feuille polycopiée en 1913. Il est devenu, en octobre 1916, une revue imprimée. Autour d'un foyer fraternel largement accueillant, il voudrait grouper, en une famille étroitement unie, les éducatrices croyantes et celles qui, sans partager leur foi, se sentent attirées vers l'étude des questions religieuses. Comment des collaboratrices — dont beaucoup sont des converties et qui ont toutes pu étudier autour d'elles les ravages du doute — pourraient-elles songer sans émotion à leurs sœurs qui cherchent anxieusement la vérité pour en faire la règle de leur vie et particulièrement à celles qui se demandent si le catholicisme mieux connu n'apporterait pas aux graves problèmes qui les hantent une lumineuse solution ?

Dans un esprit de charité chrétienne et d'union sacrée, le *Bulletin* vise uniquement à faire l'éducation religieuse de ses lectrices. Sa lecture intéresse tous ceux qui appellent de leurs vœux l'avènement du règne de Dieu dans l'âme des éducatrices françaises.

AVIGNON, AUBANEL FRÈRES, IMPRIMEURS DE N. S. P. LE PAPE

LE
RENOUVEAU CATHOLIQUE

DANS

L'ENSEIGNEMENT PRIMAIRE

JOSEPH LESCURE

LICENCIÉ ÈS LETTRES
MÉDAILLÉ MILITAIRE

LE

RENOUVEAU CATHOLIQUE

DANS

L'ENSEIGNEMENT PRIMAIRE

CHEZ L'AUTEUR

Saint-Saury, par Le Rouget (Cantal)

LETTRE-PRÉFACE DE Mgr LECŒUR

Cher Monsieur l'Abbé,

Vous avez eu l'heureuse pensée d'étudier le fait du Renouveau catholique dans l'Enseignement primaire. *Je vous félicite de l'avoir décrit avec « justesse et précision » selon l'expression du censeur judicieux chargé d'examiner votre manuscrit. Votre étude, dit-il, forme « un excellent petit traité moral et apologétique de la vertu de foi. »*

Quant aux « récits autobiographiques de conversions » placés à la suite de votre Introduction, je remercie les âmes loyales et généreuses qui, les ayant vécus avant de les écrire, ont bien voulu en autoriser la publication.

J'ai passé la plus grande partie de mon existence au service de l'enfance et de la jeunesse dans un Collège catholique; aussi je suis heureux de penser que ces pages seront lues par des maîtres et des maîtresses consacrés à cette noble tâche de l'enseignement et de l'éducation, car elles sont propres à toucher, à éclairer et, finalement, à conduire vers Dieu ces « âmes inquiètes et troublées » mais pleines de bonne volonté qui sont si nombreuses à tous les degrés de l'enseignement.

Que Dieu daigne les bénir et vous bénir vous-même, mon cher ami, pour le service que vous leur aurez rendu.

Saint-Flour, 4 juillet 1920.

† PAUL,
Évêque de Saint-Flour.

AUX SŒURS D'EMMA TOURNIER,
DE DAVIDÉE BIROT ET DE PAULINE ARDEL,
AUX PROFESSEURS ET AUX ÉTUDIANTES
DES ÉCOLES NORMALES ET DES ÉCOLES SUPÉRIEURES,
AUX INSTITUTRICES DE FRANCE
QUI CHERCHENT COURAGEUSEMENT LA VÉRITÉ,
A CELLES QUI, AYANT GARDÉ OU RECONQUIS LA FOI
AU PRIX DE VAILLANTS EFFORTS,
DÉSIRENT TRAVAILLER DE TOUTE LEUR AME
A L'AVÈNEMENT DU RÈGNE DE DIEU,
NOUS DÉDIONS RESPECTUEUSEMENT CES PAGES.

AVANT-PROPOS

Y a-t-il un Renouveau catholique dans l'enseignement primaire ?

Quels espoirs permet-il de concevoir ?

Quels devoirs nous impose-t-il ?

Voilà des questions que se posent aujourd'hui beaucoup d'esprits. Nous essayons d'y répondre.

On ne trouvera dans les pages qui suivent ni une information abondante ni des documents inédits. Ce sont de simples réflexions sur des faits déjà connus. Données d'abord sous forme de causerie dans un cercle d'études, elles ont ensuite paru, il y a un an, dans le *Bulletin des Institutrices catholiques de l'enseignement primaire,* qui est lui-même un des signes du renouveau.

Dans les numéros suivants du même *Bulletin,* des lectrices les ont illustrées par des exemples, en racontant à leurs amies les étapes de leur retour au catholicisme. Ces récits sont rigoureusement authentiques. Seuls, le titre et l'épigraphe des trois premiers sont de l'éditeur. De bons juges ont pensé que ces récits émouvants n'avaient pas seulement une valeur documentaire, qu'ils pourraient faire du bien à des âmes en quête de certitude qui ne savent pas qu'au bout de la route, Dieu les appelle et les attend. On les recueille aujourd'hui pour les leur offrir, dans l'espoir de leur être utile.

LIVRES ET REVUES CITÉS

Albert Bessières. *Ames nouvelles.* (De Gigord, 15, rue Cassette. — 5 fr.).

Pierre Pacary. *Joseph Lotte.* (Gabalda, 90, rue Bonaparte. — 6 fr.).

René Bazin. *Davidée Birot.* (Calmann-Lévy, 5, rue Auber. — 5 fr.).

Mainage. *Quelques témoins du Renouveau Catholique,* (Beauchesne, 117, rue de Rennes. — 5 fr.).

Ernest Psichari. *Le Voyage du Centurion.* (Conard, 17, boulevard de la Madeleine. — 5 fr.).

Bulletin des Professeurs Catholiques de l'Université. (M. Pifret, 71, rue Molière, Lyon. — 6 fr.).

Bulletin des Intitutrices Catholiques de l'Enseignement Primaire. (Mlle Vallat, 19, rue du Gazomètre, Lyon. — 5 fr.).

Les quatre années déjà parues de ce *Bulletin* nous ont fourni de très précieux renseignements.

« *Institutrices publiques catholiques,* disent les collaboratrices dans leur programme, *nous appartenons à deux grandes familles spirituelles, à l'Église dont la foi illumine nos vies et dont nous serons toujours les filles aimantes et dévouées, à la France bien-aimée, à laquelle nous voulons préparer une génération de citoyens vaillants, de femmes courageuses, dignes héritiers et continuateurs de leurs pères et de leurs frères, les héros de la Grande Guerre.* »

I

LE RENOUVEAU CATHOLIQUE

DANS L'ENSEIGNEMENT PRIMAIRE

LE RENOUVEAU CATHOLIQUE

DANS L'ENSEIGNEMENT PRIMAIRE

A l'heure où tous les esprits réfléchis se préoccupent de reconstituer le patrimoine spirituel de la France et d'utiliser toutes ses énergies, groupées en un solide faisceau, en vue de préparer l'avenir, il est bon de jalonner les positions occupées par le catholicisme dans les différentes classes de la société française, de connaitre ceux qui partagent nos convictions et communient à notre idéal, même dans les milieux que nous serions portés à croire entièrement hostiles au Christianisme, et même de deviner les sympathies timides d'âmes qui, parfois à leur insu, sont en marche vers la vérité, afin de savoir que nous pouvons compter sur les uns et d'être prêts à tendre aux autres une main secourable.

On a beaucoup parlé, depuis une quinzaine d'années, d'un renouveau catholique parmi l'élite intellectuelle du pays. Ce renouveau, on l'a signalé parmi les penseurs et les écrivains, chez les élèves de nos grandes écoles et chez plusieurs de leurs maîtres. Jusqu'ici, on ne s'est guère demandé si des signes de renouveau se manifestaient parmi les maîtres et les maîtresses de l'enseignement primaire. Un livre récent signale pourtant chez eux une intéressante évolution. Nous essaierons de recueillir quelques indications et de les interpréter. Faute d'une abondante documentation, nous devrons, sur beaucoup de points, nous borner à des interrogations. Ces pages ne seraient-elles qu'une matière à réflexion, un questionnaire à l'adresse de nos lecteurs, et une timide invitation à les compléter, peut-être ne seraient-elles pas dépourvues de toute utilité.

Nous étudierons surtout l'enseignement féminin.

Nous examinerons successivement trois questions :

1º Y a-t-il des signes d'un renouveau catholique parmi les institutrices publiques ?

2º Quelles sont la profondeur et l'étendue de ce renouveau ?

3º Quelles sont les conditions d'un mouvement plus large et plus profond ?

I

LES SIGNES DU RENOUVEAU

Y a-t-il des signes d'un renouveau catholique parmi les membres de l'enseignement primaire et spécialement parmi les éducatrices françaises ?

Des précisions s'imposent.

Pour répondre à la question posée avec quelques chances d'exactitude, nous devons éviter de prendre pour des faits nouveaux des phénomènes constants sur lesquels nous n'avions pas jusqu'ici arrêté notre attention.

L'inquiétude religieuse est de toujours.

Certains problèmes ne sauraient laisser indifférent aucun de ceux que le souci de la perfection intérieure invite à chercher une base à leur vie morale, en même temps que leur culture générale, l'habitude des méthodes scientifiques rigoureuses et la simple loyauté les portent à raisonner leur conduite, à établir un accord entre leurs idées morales et leur vie pratique. Aussi le problème religieux a-t-il toujours préoccupé une élite de nobles âmes, éprises de beauté spirituelle, incapables de trouver une règle de vie dans les sciences qui se bornent à étudier la face mouvante de l'univers et dans les systèmes infiniment variés des philosophes et de chercher une satisfaction dans l'orgueil ou dans les plaisirs avilissants.

De cette élite intellectuelle et morale font assurément partie bon nombre de membres de l'enseignement primaire. Aussi ont-ils toujours été tourmentés par l'inquiétude religieuse et y a-t-il toujours eu parmi eux des conversions, au moins à l'état sporadique.

La question est autre.

Y a-t-il vraiment un renouveau caractéristique de vie catholique, depuis une dizaine d'années, parmi les maîtres de l'école primaire? Le nombre s'est-il multiplié ou tout au moins notablement accru de ceux qui gardent ou reconquièrent la foi, possèdent des convictions éclairées et personnelles, s'efforcent de vivre d'une manière entièrement conforme à ces convictions et même travaillent à les propager autour d'eux ? Le nombre a-t-il augmenté aussi, par une évolution parallèle, de ceux qui, élevés en dehors du Christianisme, ou devenus étrangers à toute vie religieuse, ne considèrent plus l'incrédulité comme « un mol oreiller doux à reposer les têtes bien faites », mais se sentent attirés vers Dieu inconnu et vers l'étude des problèmes religieux ?

Aucune enquête, jusqu'ici, n'a fourni les éléments d'une réponse. Par suite d'une discrétion excessive, les personnes interrogées ne parlent généralement que d'elles-mêmes. Mais les renseignements ainsi recueillis n'en ont que plus de valeur. Les documents les plus précis, les plus personnels, les plus sincères, sont aussi les plus émouvants et les plus instructifs.

Dans un très beau livre qui a obtenu le plus légitime succès : *Ames nouvelles*, M. Albert Bessières nous raconte l'histoire d'un instituteur parisien tombé au champ d'honneur, Pierre Lamouroux, et, en marge de cette histoire, celle de plusieurs de ses amis. De très bonne heure,

à la suite de la crise intellectuelle que traver-
sent presque tous les étudiants, ces jeunes
maîtres s'étaient écartés du catholicisme. Pendant de longues années, il l'avaient tenu pour
un système faux et malfaisant, l'allié naturel
de tous les égoïsmes et de toutes les tyrannies. Peu à peu, à l'école de la vie, leurs
préventions se sont dissipées. Puis, un jour,
plusieurs d'entre eux ont découvert dans le
catholicisme la seule base solide de la morale.
Et ils se sont donnés à lui avec toute la ferveur
de leur foi retrouvée. Les lettres que, des
tranchées, Lamouroux écrivait à sa femme,
respirent la paix du cœur, la joie au milieu
des pires angoisses, une confiante résignation
à la volonté de Dieu, acceptée jusqu'à l'immolation totale entrevue.

Aurait-on rencontré, il y a vingt ans, beaucoup d'exemples aussi significatifs ?

Pierre Lamouroux et la plupart de ses amis
sont morts. C'est pour cela qu'on a pu nous
révéler le secret de leur vie. Combien d'autres
rendraient, à la puissance de conquête du
catholicisme, un témoignage semblable, si la discrétion ne s'imposait en matière aussi délicate?

Pierre Pacary nous a raconté la vie d'un
autre soldat : le sous-lieutenant Joseph Lotte,
fondateur du *Bulletin des professeurs catholiques de l'Université*. Joseph Lotte, un converti
comme Lamouroux, était professeur au lycée de
Coutance. Il n'appartenait pas à l'enseignement

primaire. Si nous parlons ici de lui, ce n'est donc pas pour rappeler son cas personnel. Mais, à la lecture de sa vie, un fait ne saurait manquer de frapper. Parmi les fidèles lecteurs du *Bulletin*, parmi les correspondants qui considéraient Lotte comme une sorte de directeur spirituel et lui demandaient des encouragements et des conseils, se trouvaient nombre d'instituteurs et d'institutrices. C'est même à lui que plusieurs ont dû de se connaître et de nouer entre eux de précieuses amitiés, germes d'initiatives nouvelles.

En même temps que Lotte fondait son *Bulletin*, d'autres publications naissaient çà et là, manifestations hésitantes de besoins semblables et essai de réponse, timides fleurs annonciatrices d'un même printemps. En 1913, paraît le programme et le premier numéro du *Bulletin des institutrices catholiques de l'Enseignement primaire*. Il vise à servir de lien aux institutrices catholiques dispersées à travers la France et à leurs collègues qui, sans être croyantes, désireraient mieux connaître le catholicisme.

Ce n'est encore qu'une modeste feuille polycopiée, qui succède à une correspondance circulante manuscrite groupant une dizaine d'institutrices de trois ou quatre départements. Très sincère, très optimiste, mais pauvre de rentes, ce premier *Bulletin*, privé d'une partie de ses collaboratrices et de ses lectrices, est balayé par la guerre.

Comme les hostilités se prolongent, en pleine guerre, en octobre 1916, il reparaît sous la forme d'une élégante brochure imprimée. A peine assuré d'une centaine d'abonnées, il attire vite de nombreuses bonnes volontés, obtient des collaborations variées, et groupe en une famille intimement unie d'abord quelques centaines, bientôt plus d'un millier d'éducatrices françaises. Et ces lectrices ne sont généralement pas des catholiques de façade. Plus de trois cents d'entre elles prennent part, pendant les vacances, à des retraites fermées de quatre à huit jours. Beaucoup communient tous les mois aux intentions de l'œuvre, assistent régulièrement aux réunions mensuelles de trente cercles d'études, se font apôtres par leurs conseils et par leurs exemples.

Assurément, il ne faut pas exagérer la portée de ces signes. Une hirondelle ne fait pas le printemps. Nous devons cependant remarquer qu'on n'aurait probablement songé à rien de semblable, il y a quinze ou vingt ans. Les premiers essais de groupement remontent à 1909 ou 1910.

En outre, beaucoup d'âmes étrangères à tout groupement et, en apparence, à toute préoccupation religieuse, sont cependant tourmentées. par le problème religieux. — Une jeune institutrice, élevée dans une famille incroyante, incroyante elle-même, fait cet émouvant aveu : « Je ne crois ni à la divinité de Jésus ni à la divinité de l'Eglise. Mais je vis dans l'angoisse, sans orientation, et je sens le besoin de reconquérir mes anciennes convictions religieuses. Peut-être Dieu laissera-t-il tomber sur moi, comme naguère sur Coppée, un rayon de miséricorde et me rendra-t-il les consolations de la prière et de la foi. »

Même quand une connaissance insuffisante du Christianisme laisse l'âme désemparée en face des objections, on sent souvent un effort de réaction que l'on aurait rarement noté, il y a quelques années. Une étudiante analyse avec beaucoup de pénétration une crise de ce genre : « Ma sensibilité tout entière parle pour ma religion. Mais j'ai parfois besoin d'y conformer mon esprit et ma volonté qui, eux, ne suivent pas toujours cette pente. Vous ne me mépriserez pas si je vous dis que j'ai parfois mes moments de lutte avec moi-même. En ce moment-là, je redeviens un autre Pascal et, tombant à genoux, je dis : « Je crois ».

Et elle soulève immédiatement un grave problème : « Comment concilier la rigueur des jugements divins avec la fragilité de l'homme ? Pourquoi sommes-nous jugés, puisque nous sommes naturellement portés au mal ? Vous me direz : Parce que nous avons aussi la possibilité de bien faire. Seulement, les chances ne sont pas égales. Presque toujours notre nature, si elle est livrée à elle-même et soustraite à toute bonne influence, est entraînée au mal. Les circonstances elles-mêmes favorisent souvent les mauvaises tendances de notre nature et font pencher la balance du côté du péché. Alors pourquoi sommes-nous jugés sur des actes fatalement accomplis ? »

Ainsi que nous l'avons remarqué, ce n'est pas une incroyante qui parle mais une personne catholique de cœur et de volonté. Son état d'âme, qui n'est pas exceptionnel, l'état d'âme révélé par les autres déclarations déjà citées nous amènent à examiner notre seconde question : Quelles sont la. profondeur et l'étendue du renouveau dont nous venons de noter les signes ?

II

LES LIMITES DU RENOUVEAU

Malgré son apparente simplicité, la question est, en pratique, bien difficile à résoudre.

Nous n'écrivons pas un conte. L'auteur de ces pages voudrait n'être qu'un témoin impartial et véridique. Des lectrices du *Bulletin*, professeurs et institutrices de provinces très diverses, auxquelles il adresse l'hommage de sa vive gratitude, ont bien voulu lui faire part de leurs observations et de leur expérience personnelle, lui communiquer des renseignements précis. Les témoins du renouveau dont le lecteur va entendre l'émouvante déposition représentent, sans aucun doute, un nombre important d'éducatrices françaises revenues au catholicisme après une crise semblable. Peut-être y a-t-il, dans ces données fragmentaires, les éléments d'un tableau valable pour l'ensemble du pays ou, tout au moins, d'une esquisse que de nouveaux documents permettront de compléter.

Quelle est l'étendue du renouveau ? Comment dresser une statistique des consciences, connaître tous les convertis, deviner les sentiments intimes des personnes qui, encore étrangères au catholicisme, se libèrent peu à peu de leurs préjugés contre lui et sont en marche vers la vérité intégrale ?

Selon toute vraisemblance, le renouveau constaté ne s'étend qu'à une faible partie du personnel enseignant. Les idées se propagent par ondes concentriques, à partir de Paris et des grandes écoles. Il faut des années pour qu'elles atteignent la périphérie, les écoles de province et surtout les instituteurs et les institutrices déjà sortis des écoles, lancés en pleine vie active et mal tenus au courant de l'évolution des idées philosophiques ou religieuses par les revues professionnelles, qui gardent toujours l'anticléricalisme dans leur programme. En outre, une personne d'âge mûr modifie difficilement ses idées d'une manière complète ; cette modification entraînerait celle de la vie tout entière et lui semblerait un reniement de sa propre personnalité. « L'évolution chez nous, déclare ironiquement une lectrice un peu pessimiste, est réduite à un sixième, et c'est un sixième qui n'évolue pas. » « La plupart de mes compagnes vont à la messe avec leur famille, écrit une étudiante ; mais elles n'ont qu'une foi bien vague et se désintéressent totalement des questions religieuses. » Dans une promotion d'École normale, en un département catholique, il y a seulement deux catholiques pratiquantes. Ailleurs, c'est à l'avenant. « En fait, constatent plusieurs, nous ne sommes encore qu'une avant-garde. »

Cette avant-garde constitue-t-elle du moins une élite intégralement catholique ? Et, pour nous en tenir plus particulièrement à l'enseignement féminin, les institutrices et les étudiantes restées ou redevenues catholiques accordent-elles au catholicisme une adhésion sans réserve, sont-elles des catholiques non seulement dans leur conduite pratique mais aussi dans leurs idées et dans la solution donnée aux problèmes religieux ?

Sous réserve d'une discussion que nous appelons de tous nos vœux, voici l'impression qui se dégage des faits mais qui, à en juger par les déclarations des témoins du renouveau, paraîtra peut-être un peu sévère. L'adhésion des instituteurs, des professeurs et des étudiantes de l'enseignement primaire au catholicisme, d'une grande sincérité et d'une fécon-

dité pratique souvent admirable, ne semble
pas toujours assez éclairée, assez complète au
point de vue intellectuel, assez intime non
plus.

C'est par le cœur, par ce qu'il y a de plus
délicat, de plus généreux, de meilleur en elles,
que beaucoup d'éducatrices se gardent catholiques ou reviennent au catholicisme oublié.
Par vocation même, elles sont des âmes bonnes,
affectueuses, riches de générosité et de dévouement. Si elles entreprennent de longues études,
parfois intéressantes, souvent aussi austères
et arides, si elles consentent à acquérir labo-
rieusement une solide formation professionnelle,
si elles s'éloignent de la famille à l'âge où
l'on aime le plus la tiédeur du nid familial,
pour aller se cloîtrer dans un hameau, au fond
de quelque campagne lointaine, ou même dans
une ville où pas une amie ne les attend, c'est
parce qu'elles aiment leur noble mission d'éducatrices et songent aux enfants qui leur seront
confiés, c'est parce qu'elles évoquent avec une
joie intime les intelligences à éveiller, les cœurs
à former, les consciences à orienter vers le bien.

La réalité ne répond pas toujours à leurs
rêves. Si belle qu'elle soit, leur vie les expose
à de cruelles désillusions. Beaucoup d'enfants
profitent mal des leçons reçues. La plupart
répondent à l'affection spontanée d'un cœur
tout prêt à se donner par une sereine indifférence. Quelques-uns paient le dévouement

inlassable de l'éducatrice par une cruelle ingratitude. Cet âge est sans pitié ! disait La Fontaine. D'autres, quelquefois les meilleurs et les plus aimés, posent des questions singulièrement embarrassantes. A Pierre Lamouroux, qui le blâme d'une vilaine action, un petit Parisien demande : Pourquoi ne dois-je pas le faire ? Faut-il répondre : Parce que je te punirai ? Ce serait un idéal singulièrement mesquin et une règle de conduite bien insuffisante. A Davidée Birot, l'héroïne de Bazin, en qui beaucoup d'éducatrices françaises ont salué leur sœur véridique, Anna Le Floch moribonde demande : « Mademoiselle, dois-je prier le bon Dieu ? » Comment refuser une réponse à l'enfant angoissée qui demande une certitude pour mourir l'espérance au cœur ? Comment lui répondre loyalement par une affirmation décisive quand on n'ose résoudre ces questions pour son propre compte ?

Parce qu'elles éprouvent le besoin d'une affection toute-puissante aux heures d'abandon et de détresse, le désir d'une certitude lumineuse aux heures de doute, parce qu'elles veulent pouvoir répondre aux interrogations anxieuses des sœurs d'Anna Le Floch, des milliers de petites Françaises qui ont confiance en elles, les meilleures et les plus généreuses des éducatrices tombent parfois à genoux et, comme Davidée Birot, disent à Jésus avec toute la sincérité de leur âme : « Aimez-moi bien ».

Cet abandon filial au Dieu infiniment bon satisfait pleinement leur cœur. Le catholicisme qu'elles viennent ainsi de découvrir ou de retrouver après des années d'indifférence et d'oubli leur offre des consolations et un réconfort qu'elles auraient vainement cherchés ailleurs. Mais elles n'ont pas seulement un cœur. Elles ont aussi une intelligence et une intelligence entrainée à l'usage des meilleures disciplines rationnelles. « On nous a appris à soumettre toutes nos idées au contrôle de notre raison, déclare justement l'une d'elles. Une idée ne saurait nous satisfaire tant qu'elle n'a pas fait valoir ses titres à notre adhésion. » Cette excellente habitude d'esprit est parfaitement légitime en matière religieuse. L'Eglise ne nous demande pas de croire sans preuves. Elle nous invite au contraire à acquérir une foi raisonnable et éclairée. Mais si on ne fait pas les efforts nécessaires pour cela, si, en même temps qu'on acquiert une connaissance suffisante du catholicisme, on n'étudie pas attentivement et méthodiquement les raisons de croire, la foi purement sentimentale, qui avait suffi dans l'enthousiasme des premiers jours, devient vite insuffisante, s'effrite lentement sous l'action corrosive des objections lues ou entendues, des doutes avoués ou à peine conscients, demeure incapable de rayonner et d'éclairer d'autres âmes.

Or, que constate-t-on? Certes, il y a de

louables exceptions, des institutrices croyantes qui étudient sérieusement le catholicisme et ses preuves, et s'efforcent ainsi d'harmoniser leurs idées et leurs sentiments. Il y en a qui collaborent régulièrement aux travaux des cercles d'études éclos çà et là. Mais ne constituent-elles pas des exceptions ?

Que lisent la plupart d'entre elles? Jetons un regard indiscret sur les rayons de leur bibliothèque. A côté de manuels indispensables, voici quelques romans en vogue, deux ou trois volumes de critique littéraire, peut-être la collection complète des œuvres de Victor Hugo. Les sermons de Bossuet s'égarent entre deux volumes : l'un de Michelet, l'autre d'Anatole France. Puis, vient le menu fretin des livres à l'eau de rose, inoffensifs et anodins où l'esprit ne saurait puiser aucune nourriture solide. Les livres un peu austères, qui instruiraient au prix d'un effort d'attention, font peur et sont laissés de côté. Les livres religieux sont absents. En quoi la bibliothèque serait-elle différente si la propriétaire était libre penseuse, musulmane ou bouddhiste?

Beaucoup d'institutrices, semble-t-il, vivent en catholiques, sans s'imposer une étude méthodique du catholicisme. En matière religieuse, elles s'arrêtent au Certificat d'études, alors qu'il serait nécessaire, étant donné le niveau de leur culture générale, d'aller jusqu'au Brevet supérieur et au C. A. P.

Qu'en résulte-t-il ?

Dans le catholicisme mal connu, elles ne trouvent pas la paix, la lumière et la force dont elles sentent le besoin et qu'elles devraient y. trouver. Un rapprochement suggestif mettra ce fait en pleine lumière.

Dans un volume très intéressant, *Les témoins du renouveau catholique* (Paris, Beauchesne, 117, rue de Rennes), le P. Mainage a recueilli les récits que nous font quelques convertis de leur émouvante histoire. Ces hommes, qui avaient sérieusement étudié le catholicisme avant leur conversion, éprouvent, après l'accomplissement de la démarche décisive, une impression de lumière, de certitude, d'épanouissement. Ecoutons leurs déclarations.

« J'avais craint, confesse Charles de Bordeu, d'être à l'étroit dans le Credo. Je m'y meus dans l'infini que Dieu ramène autour de moi, car son regard me suit.... J'entends garder mon esprit libre et je l'ai tel, certes, plus et mieux qu'avant, puisque c'est à la vérité qu'il adhère, puisque j'ai su vouloir et obéir. »

« Le catholicisme, affirme André de Bavier, bien loin d'opprimer les intelligences est essentiellement libérateur. »

« Jamais, déclare à son tour Louis Bertrand, jamais je n'ai eu comme dans le catholicisme la certitude de ma liberté, une liberté qui naît de l'ordre et de l'équilibre intérieurs et qui, sans s'interdire aucune excursion dans aucun

domaine, est armée contre tous les mirages
du sentiment et contre les fantasmagories de
l'intelligence. »

René Salomé nous dit son allégresse : « Une
force nouvelle, une jeunesse nouvelle, un courage nouveau le soutenaient, le portaient au
besoin, recréés sans cesse par les sacrements,
la prière, l'offrande du labeur et des souffrances, par les supplications et les œuvres de ses
frères en Jésus, par le travail des bienheureux. »

Cette paisible certitude, cette joie sans
mélange, cette dilatation d'âme, les retrouve-
rions-nous chez toutes les institutrices restées
croyantes ou revenues à la foi ? Ne devine-t-on
pas, parfois, chez elles, quelque chose des
appréhensions éprouvées par les convertis avant
leur retour et bien analysées par l'un d'eux :
André de Bavier ?. « Quant au catholicisme,
il incarnait tout ce que nous détestions. L'Eglise
Romaine ne faisait-elle pas peser un joug de
fer sur les esprits ? Ne frappait-elle pas sans
pitié ces pauvres modernistes, disciples timides du protestantisme, coupables seulement
d'être les fils de leur siècle ? La soumission
de la plupart des modernistes n'était-elle pas
une preuve flagrante de la déformation des
consciences et de l'affaiblissement des âmes
dans le catholicisme? L'Eglise, d'ailleurs, se
souciait peu des âmes. Ses visées étaient tem-
porelles. Elle poursuivait une politique de

domination. Elle était la plus fidèle alliée de toutes les réactions et de toutes les tyrannies. » Si, au lieu de haine, nous disons crainte et défiance instinctive, ces sentiments ne survivent-ils pas quelquefois à la conversion ou ne cohabitent-ils pas avec la foi ?

On ne redoute pas seulement l'institution. Des doutes s'infiltrent peu à peu dans l'intelligence. L'enseignement de l'Eglise est-il vraiment divin ? Les dogmes catholiques ne seraient-ils pas le produit de la pensée humaine? Une étude approfondie du catholicisme ne serait-elle pas ruineuse pour la foi? « Pourquoi, demande une institutrice, ne nous contenterions-nous pas de la foi sans discussion et sans réflexion que donnent la grâce et la volonté ? » On est tenté de considérer toute démonstration de la divinité du catholicisme comme impossible, et on tâche de s'arrêter à mi-chemin du scepticisme. « Que la religion soit un fait purement humain, un élan de bonne volonté vers un idéal supérieur, un effort pour procurer le bien des âmes, n'est-ce pas une raison suffisante pour l'aimer? » Pour l'aimer, peut-être, mais non pour avoir en elle plus de confiance qu'en tout autre système humain, mêlé de vérité et d'erreur ; pour voir en elle la vérité divinement garantie seule capable de satisfaire notre désir de certitude. Pour que nous puissions vraiment y croire et en vivre, il faut que le catholicisme soit divin.

C'est ce qu'a admirablement senti un des plus vigoureux convertis naguère revenus au Catholicisme, une des plus pures victimes de la guerre : Ernest Psichari. Il le dit en une page émouvante du *Voyage du Centurion*. Maxence, le Centurion (qui n'est autre que Psichari lui-même), vient d'évoquer la beauté et la grandeur de la France chrétienne, devenues plus sensibles à son esprit par la comparaison avec le formalisme de l'Islam. Elles ne suffisent pas à emporter son adhésion. « L'apparition des plus royales demeures de Notre-Dame, dans cette fétide embuscade d'Atar, peut bien consoler Maxence. Mais non ! Il reste au fond de lui un sombre tourment. Que les faibles se nourrissent des plus nobles rêves ! Lui, il veut la vérité avec violence.... Il demande d'abord que Jésus soit vraiment le Verbe de Dieu, que l'Eglise soit de toute certitude la gardienne infaillible de la Vérité, que Marie soit en toute réalité la Reine du ciel. Et telle est sa première exigence, avant de considérer cette vocation et merveilleuse élection de la France. »

Aux doutes sur la doctrine s'ajoute une défiance instinctive à l'égard des représentants de l'Eglise. Autour d'eux semblent monter la garde d'invisibles et redoutables fantômes. Le premier est le spectre clérical. Le prêtre est considéré, même par des institutrices catholiques pratiquantes, comme un esprit faussé par

une longue déformation professionnelle, comme
un homme de culture médiocre, incapable de
comprendre les idées qui diffèrent des siennes
et de les juger avec équité. Comment songe-
rait-on à discuter avec une momie endormie
dans son sarcophage de granit? Au centre de
la Bastille cléricale sont embusqués d'autres
fantômes plus effrayants encore : le spectre
religieux et surtout le spectre jésuitique. Avant
même d'examiner la valeur d'une idée, l'oppor-
tunité d'une initiative, on se demande avec
inquiétude : D'où vient-elle? Ne cache-t-elle
pas quelque ténébreuse machination?

Ces impressions, si l'on ne parvient à s'en
dégager, entraînent à la négligence des pratiques
religieuses, éloignent des sacrements. De là un
catholicisme appauvri, anémié, incapable de
pénétrer la vie entière.

D'autres difficultés viennent des circonstances extérieures. C'est le manque de bons livres
et de conseils éclairés, c'est l'isolement forcé
où vivent beaucoup d'institutrices catholiques,
qui ne connaissent pas de collègues croyantes
ou ne peuvent les voir, souffrent de la défiance
des collègues incroyantes aux yeux desquelles
l'adhésion au catholicisme constitue une véritable
trahison et ne reçoivent parfois qu'un accueil peu
empressé de leurs coréligionnaires, hantés par
la peur d'un fantôme tout de noir vêtu, d'énor-
mes lunettes aux yeux, une règle redoutable aux
mains, et qui n'est autre que le spectre laïque.

Ainsi, même parmi l'élite atteinte par le souffle du renouveau, nous constatons de graves lacunes : une connaissance souvent insuffisante du catholicisme, un vieux levain de défiance à l'égard de l'Eglise et de ses représentants, des doutes tenaces sur les vérités les plus importantes, une vie religieuse souvent réduite au minimum et dont cent obstacles paralysent le développement. Les moins optimistes ne nous reprocheront pas d'avoir dissimulé les ombres du tableau.

Devons-nous en conclure que

Les fruits n'ont pas tenu la promesse des fleurs,

que bonne volonté sincère, aspirations élevées, ferventes prières, sacrifices généreux sont condamnés à un échec irrémédiable? Ou bien la leçon des faits doit-elle seulement nous apprendre à mieux diriger nos efforts? C'est ce que nous allons maintenant nous demander.

III

LA TACHE NÉCESSAIRE

Les lacunes constatées ne doivent pas nous décourager, parce qu'il dépend de nous d'y porter remède.

Le jaillissement imprévu d'aspirations catholiques qui se manifeste en ce moment n'a rien d'une actualité éphémère. Depuis dix ans, il s'est produit .un peu au hasard, parmi les membres de l'Enseignement Primaire, sans aucun secours humain, sans chefs, sans guides, malgré de gros obstacles maintenant en partie dissipés. Si nous savons le favoriser, créer une élite pourvue d'une solide formation doctrinale, oublier nos préjugés et nos timidités, grouper toutes les bonnes volontés éparses, sans doute acquerra-t-il une grande ampleur et produira-t-il, dans notre France rajeunie et purifiée par la victoire, des fruits merveilleux.

L'œuvre du renouveau demande de bonnes ouvrières. « La moisson est abondante, les ouvriers peu nombreux. Priez donc le Maitre de la moisson d'envoyer des ouvriers pour l'engranger. » Les paroles que Jésus adressait à ses Apôtres, il les adresse aujourd'hui, d'une manière très pressante, à toutes les éducatrices croyantes de France. Chacune d'elles doit prier pour que la moisson mûrisse et se préparer à devenir une ouvrière du renouveau.

Pour cela, il faut d'abord qu'elle acquière une foi éclairée et raisonnée, qu'elle devienne une fervente catholique. « Avant de ramener les autres à la foi, constate loyalement l'une d'elles, nous avons bien du travail à faire pour notre propre compte. » Tant de travail, évidemment, que les forces humaines ne sauraient y suffire. Mais le chrétien n'est pas réduit à ses propres forces. La foi n'est pas l'aboutissement naturel

de l'activité humaine. Elle est une vertu surna-
turelle, le fruit magnifique de notre intelligence
éclairée par les raisons de croire et de notre
volonté sincèrement orientée vers le bien —
intelligence et volonté fécondées par la sève
de la grâce divine sans laquelle tous nos efforts
demeureraient impuissants. Voilà pourquoi nous
devons demander à Dieu de nous donner la foi
et de rendre notre foi chaque jour plus
vivante.

Toutes les âmes qui ont connu l'atroce
angoisse du doute et qui ont sincèrement voulu
découvrir la vérité ont éprouvé le besoin de
prier. Empruntons quelques exemples au précieux ouvrage du P. Mainage.

René Salomé, racontant son histoire sous
une forme impersonnelle, nous dit de son frère
spirituel : « Il fit vers Dieu une nouvelle
étape. Il résolut de prier et de demander la
foi.... Il pria, il assista aux offices du diman-
che, lisant la messe, chantant même le Credo
avec les enfants et les vieux Messieurs. Il alla
souvent s'agenouiller devant la Vierge ; il eut
aussi recours aux grands patrons de France. »
De même Louis Bertrand. Il assiste à la messe
consulaire de Beyrouth, dans la chapelle des
Franciscains. « De ma place, je dominais de
haut les cornettes des sœurs de saint Vincent
de Paul dévotement agenouillées. Cette simple
vue me fit souvenir que l'humilité est la première des vertus chrétiennes. Sans plus de

façon, je m'agenouillai moi aussi et, avec un grand élan de cœur vers je ne sais quel Etre de grâce et de protection, je récitai un *Ave Maria*. A partir de ce jour, tout ce qui m'avait rebuté dans les pratiques catholiques, tout ce qui m'avait paru impossible me devint facile et même agréable.... Je ne croyais pas encore, mais j'éprouvais un grand désir de croire. ».

Cette dernière remarque répond à la difficulté secrète de beaucoup. « Comment prierais-je, puisque je n'ai pas la foi ? Pour prier, il faudrait avoir le bonheur de croire. » Mais non ! Il suffit de savoir que l'on ne possède pas la vérité et de sentir que l'on a besoin de vérité. Or l'âme inquiète, ballottée par le courant des opinions, n'est pas sûre de posséder la vérité. Le scepticisme du dilettante n'explique pas l'énigme du monde et de la vie, ne donne pas une base et une règle à la morale, ne nous procure pas la certitude lumineuse et la paix intime dont nous avons besoin. Pourquoi ne demanderions-nous pas à la Vérité de se révéler à nous, de devenir la lumière et la loi de notre vie ? Pourquoi ne lui adresserions-nous pas l'admirable prière de Newman : « Au milieu des ténèbres qui m'environnent, lumière bienfaisante, conduis-moi en avant ? » Déjà, la faim de la vérité et les efforts pour l'atteindre sont une prière inconsciente extrêmement agréable à Dieu. Pourquoi ne traduirions-nous pas cette prière en termes explicites et ne

renouvellerions-nous pas l'expérience dont
tant d'âmes ont constaté la souveraine efficacité ?

Peut-être avez-vous lu, en tremblant d'émotion, la prière que le Centurion adressa à Dieu
en une heure décisive : « Mon Dieu, je vous
parle, écoutez-moi! Ayez pitié de moi, mon
Dieu, vous savez qu'on ne m'a pas appris à
vous prier. Mais je vous dis, comme votre
Fils nous a dit de vous dire, je vous dis de
tout mon cœur, comme mes pères vous l'ont
dit autrefois : « Notre Père qui êtes aux cieux,
que votre Nom soit sanctifié... Que votre
Règne arrive... Que votre Volonté soit faite
sur la terre comme au ciel. »

Même sans avoir encore la foi, nous pouvons
demander l'avènement en nous du règne de
la Vérité et du Bien.

Impossible sans le secours de la grâce, la
foi n'est cependant pas l'œuvre exclusive de
la grâce. Pour naître, vivre et croître, elle exige
aussi le concours de notre intelligence et de
notre bonne volonté.

Dieu ne nous refuse jamais sa grâce. De
notre côté, nous devons lui offrir une bonne
volonté sans réserve. Sciemment ou non, notre
intelligence et notre cœur sont souvent encom-
brés d'idoles dont nous sentons le mensonge
et le néant, mais dont la séduction nous empê-
che de sentir le besoin infini que nous avons
de Dieu. Comment Dieu pourrait-il se mani-

fester à nous tant que nous n'avons pas le courage de lui préparer en nos âmes un temple digne de sa sainteté? tant que, par la droiture de notre volonté et l'ardeur de nos désirs, nous ne le mettons pas au-dessus de tout ce qui n'est pas lui ? « Nul ne peut servir deux maîtres à la fois. » Le Roi du ciel ne peut s'abaisser à solliciter une humble place pour son autel à côté des autels de Lucifer, d'Astarté et de Mammon. Mais dès qu'une âme lui donne une vraie preuve d'amour, il se manifeste à elle, comme à Jacob endormi sur la pierre de Béthel.

Aux dispositions du cœur doivent s'ajouter celles de l'intelligence, l'humilité, la soumission confiante à la vérité et la recherche de la vérité.

Une personne désireuse d'être vraiment chrétienne doit acquérir une connaissance très convenable de la doctrine catholique, étudier les raisons qui établissent sa divinité, se créer des convictions assez fortes pour résister à l'action du doute et diriger sa conduite, assez réfléchies pour inspirer au moins le respect aux incroyants.

Cela exige une étude sérieuse des questions essentielles, qui forment la base rationnelle du christianisme : l'existence de Dieu, la divinité de Jésus, la mission divine et l'autorité infaillible de l'Eglise, et une étude de l'enseignement catholique lui-même.

Voici quelques-uns des ouvrages dont on peut se servir pour cette étude :

SERTILLANGES : *Les Sources de la Croyance en Dieu*(Perrin).

SERTILLANGES : *L'Eglise* (2 vol., Gabalda).

F. VERHEST : *Apologétique chrétienne* (Beauchesne).

GIRODON : *Exposé de la Doctrine chrétienne* (Plon).

LESÊTRE : *La Foi Catholique* (Beauchesne).

MOENNER : *Le témoignage de l'Evangile* (De Gigord, 15, rue Cassette).

DUPLESSY : *Cours supérieur de Religion* (Bonne Presse, 5, rue Bayard).

L'étude du christianisme, l'analyse des raisons de croire, transforment la foi hésitante en une paisible certitude.

Il reste à exorciser les fantômes qui dressent une barrière entre le catholicisme et beaucoup d'âmes sincères. C'est affaire de réflexion et d'intelligente charité.

Certains catholiques, emportés par l'ardeur de la lutte et aussi par le légitime désir de sauvegarder des vérités méconnues, jugent sans doute trop facilement les personnes en bloc, n'établissent pas entre les idées les distinctions nécessaires. Ils oublient la profonde remarque de saint Augustin : « Vous croyez haïr un ennemi, et c'est votre frère que vous haïssez.» Mais quelques francs-tireurs n'engagent ni une armée ni l'honneur du drapeau. Les catholiques informés n'ignorent pas que bon nombre d'instituteurs et d'institutrices s'efforcent de respecter scrupuleusement la conscience de leurs élèves, que d'autres même concilient parfaitement la fidélité de leurs obligations envers l'Etat avec la pratique du catholicisme. Nul n'a mieux mis en relief la noblesse et la générosité de ces consciences d'éducateurs que nos écrivains : par exemple, Yves Le Querdec, dans *Le Fils de l'Esprit*, et René Bazin, dans *Davidée Birot*. Nul ne suit leurs efforts avec plus de sympathie que l'élite catholique. C'est ainsi que le *Bulletin des Institutrices catholiques* a reçu les bénédictions et les chaleureuses approbations de quatre Cardinaux et de quarante-deux Archevêques et Evêques. Ce fait prouve bien que, dans les milieux informés, on ne confond pas les personnes avec les systèmes, les éducateurs avec les idées politiques dont on voudrait parfois les faire les instruments.

De leur côté, les éducatrices croyantes doivent rejeter les préjugés irraisonnés qu'elles tiennent de leur éducation, de leurs·lectures, du milieu dans lequel elles vivent, éviter des confusions parfaitement injustes.

— « Je me suis écartée du catholicisme, dit l'une, à cause des attaques violentes des journaux catholiques contre l'école laïque. » Médiocre raison, en vérité. Un journaliste catholique peut, au nom de sa foi et du respect des âmes d'enfants, combattre l'idéal cher à certains hommes politiques sans vouloir injurier les membres de l'enseignement. Même s'il laisse échapper des paroles trop dures, l'Eglise n'en est pas responsable. Mais, au fond, il distingue toujours les erreurs à combattre et les âmes à respecter.

— « J'ai cessé d'aller à la messe, déclare une autre, à cause des réflexions de mon curé au sujet de l'école. Cela me révolte d'entendre parler de l'école sans Dieu. Est-ce que Dieu n'est pas partout ? » La même distinction s'impose. Votre curé constate simplement qu'il y a une école où l'on s'abstient très généralement de parler de Dieu aux enfants, malgré un programme devenu lettre morte. Il est tout naturel qu'il préfère, pour les enfants, une école où on leur donnera une éducation catholique intégrale. Mais il ne vous attribue pas la responsabilité d'un état de choses que vous n'avez pas créé.

— « Impossible, ajoutent beaucoup tout haut ou tout bas, d'échanger seulement des idées avec un prêtre. Elevé en serre chaude dans les Séminaires, il a un bandeau sur les yeux et vit absolument en dehors des larges courants de la pensée contemporaine. Hanté de vains rêves de domination temporelle, il désire uniquement nous embrigader au service d'une cause politique. » Cette idée, très répandue, fait beaucoup de mal.

Quelle erreur d'analyse et quelle méconnaissance des faits! Comment des esprits affinés, munis d'une solide culture générale avant d'aborder les études professionnelles, qui ne vivent pas derrière les murs d'un cloître mais au sein de la société laïque, qui lisent, étudient, réfléchissent, écrivent, reçoivent chaque jour les plus graves confidences de personnes appartenant à toutes les classes sociales et à tous les milieux intellectuels, resteraient-ils étrangers aux graves problèmes qui préoccupent les esprits contemporains ? Comment des hommes qui consacrent leur vie à la diffusion d'un admirable idéal surnaturel auraient-ils seulement la pensée de trahir cet idéal et d'embrigader des âmes au service d'une cause purement humaine ? Dans la nuit, parfois, les soldats d'une même armée se fusillent les uns les autres, croyant se trouver en présence d'ennemis. Toutes les âmes sincères doivent réunir leurs efforts pour qu'une aussi cruelle méprise ne paralyse jamais l'action de ceux qui ont au cœur un même désir : travailler à l'avènement du règne de Dieu dans une France meilleure et plus fraternelle.

L'élite créée, il faut la grouper.

Par le développement de la vie intérieure, par l'étude du christianisme, une élite catholique peut se former, se forme déjà parmi les maîtres de l'Enseignement primaire. Cette élite il faut la grouper pour multiplier son action.

D'heureux efforts ont déjà été faits en ce sens, par le *Bulletin des Professeurs Catholiques de l'Université*, pour l'Enseignement supérieur et l'Enseignement secondaire, par le *Bulletin des Institutrices catholiques* et par diverses organisations régionales pour l'Enseignement primaire. Il faut poursuivre méthodiquement ce travail.

Grâce au *Bulletin des Institutrices catholiques*, aux *Cercles d'études* dont il a provoqué la formation, aux *retraites* qui réunissent bon nombre de ses lectrices, tous les ans, pendant les vacances, près de deux mille éducatrices françaises sont intimement groupées, s'entr'aident efficacement par la mise en commun de leurs prières et de leurs sacrifices, par leurs communions mensuelles, par l'utilisation des mêmes méthodes d'apostolat. Autour de ce noyau, il faut maintenant grouper toutes les institutrices catholiques de France — et même celles qui sont seulement catholiques de désir. *Un peu de ferment fait lever une grande quantité de pâte.* Nous contribuerons ainsi très efficacement à l'avènement du règne de Dieu dans l'âme des éducatrices françaises et, par elles, dans l'âme des enfants qui leur sont confiés.

Joseph LESCURE.

QUELQUES TÉMOINS DU RENOUVEAU

Récits autobiographiques

de

conversions.

QUELQUES TÉMOINS DU RENOUVEAU

Récits autobiographiques
de
conversions.

I

L'Appel divin.

> Marthe appela en secret sa sœur Marie et lui dit : « Le Maître est là. Il t'appelle. » A ces paroles, celle-ci se leva aussitôt et alla vers lui.
>
> S. JEAN, XI, 28, 29.

Ma résolution bien arrêtée était de ne jamais confier à d'autres le secret de ce qui s'est passé entre le bon Dieu et moi. Puis j'ai songé que cet exemple des appels de la grâce serait peut-être un encouragement pour des sœurs inconnues, pour des âmes inquiètes qui se débattent dans l'angoisse et le doute. Des conseils autorisés m'ont encouragée à écrire le récit de mon retour au catholicisme. J'obéis.

J'ai été élevée dans une famille catholique, fidèle aux pratiques religieuses par tradition plus que par conviction. L'influence familiale ne m'a pas marquée d'une forte empreinte. Le catéchisme ne m'a laissé que des souvenirs fort vagues. Ma première communion, médiocrement préparée, faite pourtant avec ferveur, n'a pas créé en moi un réel approfondissement de vie religieuse.

En rentrant à l'Ecole normale, j'avais pourtant encore une foi vacillante. De cette foi, mes études terminées, plus rien ne restait. Mon seul bagage spirituel, en abordant la vie active, était l'enseignement moral reçu de mes professeurs et un sentiment très vif de la beauté et de l'importance de ma mission d'éducatrice. Aucune autorité ne me paraissait digne de mon obéissance et je ne croyais même pas à l'existence historique de Jésus.

Telle était la pauvre âme désemparée que Dieu a bien voulu appeler à lui et poursuivre longtemps des invites de sa grâce. Pour l'attirer, il s'est servi même des imprudences qui auraient dû l'ancrer plus profondément dans l'erreur et la livrer au mal comme une proie désarmée.

Dans ma folle indépendance d'esprit, je m'imaginais que j'avais le droit de tout lire, qu'aucune lecture ne me ferait éprouver le moindre dommage moral. Je lus de très mauvais livres. Il m'en venait un profond dégoût du vice. Cette ignominie me faisait désirer ardemment que le Christ eût vraiment existé, en un corps réel, dans le temps et le lieu où les

Evangiles le font vivre et agir, que l'idéal de beauté morale apporté par lui au monde ne fût pas un vain rêve mais une magnifique réalité. .

Un jour je lus un livre qui peignait, avec une grande abondance de détails réalistes, l'orgie latine au temps de Messaline et de Néron. Un fait me frappa. Cet écrivain éprouvait un visible plaisir à décrire des scènes qui soulevaient le cœur de dégoût. Mais il parlait aussi des mœurs très pures et de la vie fraternelle des premiers chrétiens. Je songeai qu'il avait dû trouver, dans les écrits de cette époque, des preuves de la vie édifiante des premiers convertis et de la sainteté de leurs agapes. Car sa manière d'écrire révélait un païen convaincu. Ce n'était donc pas un préjugé favorable qui lui dictait, à son insu, l'hommage rendu à la chrétienté naissante, mais uniquement son souci de respecter la vérité historique.

Un second fait s'imposa à ma réflexion. L'habitude de compter les années à partir de la naissance de Jésus, n'aurait pu s'établir sans l'existence historiquement vraie de Notre-Seigneur. Elle prouve aussi l'influence profonde qu'il a exercée sur le monde de son temps, même en se plaçant à un point de vue purement humain.

Ainsi la lecture d'un mauvais livre, qui me fit du mal sous d'autres rapports, contribua, par la miséricordieuse permission de Dieu, à

me faire avancer de quelques pas vers la
vérité. Des croyants pourraient sourire de cette
naïveté qui me faisait croire à la sincérité d'un
écrivain païen plutôt qu'à l'Eglise. Cela tenait
un peu aux circonstances. Le seul prêtre que
je connaissais proclamait très haut son horreur
pour l'école laïque. Moi j'aimais cette école
qui m'avait élevée, éveillée à la vie intellectuelle et à la réflexion personnelle. Je me
défiais de l'Eglise. Elle me paraissait uniquement une puissance de domination, de discipline
arbitraire dont ni les dogmes ni les préceptes
ne m'obligeaient moralement.

J'étais donc convaincue maintenant que Jésus
avait vraiment existé. Mais je ne voyais en lui
qu'*un homme supérieur*, que je mettais au-dessus de tous les grands hommes et que j'aimais
à cause de la fraternité humaine qu'il avait
prêchée, à cause de toute la bonté dont il
avait été la source dans le monde. C'est dans
ces dispositions que j'arrivai à P..., où j'étais
nommée institutrice adjointe.

Là, Dieu permit que je rencontre un saint
prêtre. (Je lui rends d'autant plus librement
hommage qu'il vient de mourir après une vie
d'apostolat fécond). Son attitude à l'autel déno-
tait une foi absolue, faisait sentir la présence
de la Majesté divine. J'assistai d'abord à la
messe en dilettante, par curiosité et par amu-
sement. Un jour, frappée de la foi du célébrant
et désireuse de m'instruire, je résolus de lui

emprunter des livres pour étudier sérieusement la religion. Longtemps je repoussai cette pensée. Elle devenait obsédante. Après avoir tergiversé, atermoyé, j'allai chez mon curé et lui demandai les *Conférences* du P. Monsabré. Surpris, il me dit qu'elles étaient d'une lecture difficile. A quoi je répliquai que je ne redoutais pas les lectures sérieuses.

Cette lecture dissipa beaucoup de difficultés et me donna quelques certitudes. Mais je doutais toujours de la présence réelle de Jésus dans l'Eucharistie. Et je souffrais de ce doute. Car j'aimais Jésus. C'était une souffrance pour moi d'entendre mes collègues le tourner en dérision ou douter de l'authenticité de ses enseignements. C'était une souffrance aussi vive que s'il eût été question d'un membre de ma famille. Mais je ne pouvais admettre qu'il eût voulu, qu'il eût pu se donner à nous.

J'en étais là quand on inaugura une nouvelle école, avec banquets, discours et danses. L'éloquence officielle me laissait dans l'âme un vide à crier de désespoir. Le lendemain, une femme du bourg me raconta qu'on avait, pendant la nuit, enlevé la croix de fer forgé qui surmontait la porte de notre cour. Je refusai d'abord de le croire et courus m'en assurer. C'était bien vrai! En rentrant chez moi, je pleurai, le cœur serré par une peine que je m'étonnais de sentir aussi vive. *J'en aimai un peu plus le Christ outragé.* La nuit suivante, je ne dormis pas. Pour demander pardon à Dieu de cette offense, je résolus d'aller à la messe un jour de la semaine. J'y allai le lendemain. Au moment de l'Elévation, il me sembla qu'un regard d'une douceur inexprimable se posait sur moi. Je sentis un immense bonheur m'envahir et, sans savoir au juste pourquoi, dans un élan de toute mon âme, je m'écriai : Mon Dieu ! Mon Dieu ! Depuis ce jour, je n'ai plus douté de la présence réelle de Notre-Seigneur dans la sainte Hostie.

Cette impression, dont je n'osai pendant longtemps parler à personne, comme si une pudeur me retenait, m'a été d'un grand secours pour vaincre les assauts du doute, toujours renaissant sous les formes les plus inattendues, alors même que je me croyais acquise à la foi catholique la plus absolue. J'ai songé depuis que c'était une grâce dont le bon Dieu avait voulu aider ma faiblesse, pour que j'aille vers Lui avec plus de fermeté.

Il me sembla que, pour répondre à cet amour, je devais faire un sacrifice. Et je décidai d'aller à la messe deux fois dans la semaine. Je mis ma résolution en pratique, malgré le froid et malgré l'étonnement de mes collègues. Et j'eus le bonheur, quelquefois encore, au moment de la communion, d'avoir l'impression de la présence réelle de Jésus.

En disant cela, il me semble que je profane un bonheur sacré. Mais peut-être cela encouragera-t-il quelques âmes de bonne volonté qui viendront à notre famille spirituelle à faire quelques sacrifices pour triompher du respect humain et cela leur rendra-t-il plus sensible la bonté de Dieu qui, après nous avoir appelés d'une manière toute gratuite, vient à nous pour nous porter dès que, dans les ténèbres où nous nous débattons, Il voit que nous faisons un petit mouvement vers Lui.

F. T.

II

Sur le Chemin d'Emmaüs.

Seigneur, Vous nous avez faits
pour vous aimer, et notre cœur
s'agite dans l'angoisse tant qu'il
n'a pas trouvé en Vous son repos.

S. AUGUSTIN.

Me voici devant ma feuille blanche, hésitant une dernière fois à raconter, non ma conversion, mais plus exactement mon retour à la religion catholique et à sa pratique.

J'ai bien déjà eu l'occasion de dire à des amies les circonstances qui ont déterminé mon évolution intérieure et qui ont modifié l'orientation de ma vie. Mais, pour les livrer à des inconnues, une pudeur me retenait. Mais êtes-vous vraiment des inconnues pour moi, mes chères amies? Non, puisque nous nous retrouvons tous les jours auprès de Dieu, particulièrement dans nos prières pour les institutrices catholiques et dans nos communions mensuelles aux mêmes intentions. — Pressée de divers côtés, encouragée par l'exemple de notre sœur dont vous vous rappelez le récit émouvant, espérant que peut-être j'aiderais quelque âme à voir clair en elle-même, sans scrupule littéraire mais avec une entière sincérité, je vais vous exposer mon histoire. Elle n'a d'ailleurs rien d'extraordinaire que l'extraordinaire bonté de Dieu pour sa servante.

Mes parents, foncièrement honnêtes, n'avaient pas de convictions religieuses. Ils croyaient seulement en un Dieu, cause première de tout ce qui existe. Ils m'élevèrent dans l'indifférence. Je fus baptisée, je fis ma première communion parce que nos relations en faisaient autant. Deux années de catéchisme : telle fut toute mon instruction religieuse. J'avais l'intelligence vive, la mémoire prompte; mon catéchisme, appris en hâte, su le jour de la leçon, ne s'incrustait pas dans mon esprit. J'étais d'une ferveur moyenne. Et pourtant je garde une impression inoubliable du jour de ma première communion, jour de joie parfaite, vraiment le plus beau jour de ma vie.

A onze ans, grand bouleversement dans mon existence. Je deviens pensionnaire. Mes succès d'études me grisent. Un malheur de famille me mûrit d'une manière précoce. Quels étaient mes sentiments religieux? Je n'en avais plus. J'étais révoltée contre l'injustice du sort, écœurée par l'ingratitude des hommes, que j'avais durement expérimentée, très fière de ma petite personne : je ne sentais pas le besoin de Dieu. Pourtant, je me rendais compte qu'il est nécessaire d'avoir des principes moraux, une règle de conduite, et je me disais : « Quand je serai grande et que j'aurai travaillé, je me ferai *ma philosophie*. » Et l'esprit tranquille, je me fiais à ma bonne nature et aux bons exemples qui m'étaient donnés.

Vous avez presque toutes été pensionnaires, n'est-ce-pas, mes amies. Vous ne serez donc pas étonnées quand je vous dirai qu'en un an j'appris à connaître la vie, surtout beaucoup de ses mauvais côtés, et que ma curiosité ne s'exerçait pas sur les choses qui auraient dû m'intéresser mais sur les autres. Ce que j'apprenais ne correspondait pas toujours à la réalité, mais je croyais être très bien renseignée. Mon orgueil s'enflait. Un nouveau malheur dans ma vie ne m'orienta pas encore vers la vraie lumière.

La même année, j'appris quelques notions de morale théorique. Les Stoïciens m'attiraient. Pourtant, dans une composition, je réfutai leurs théories d'une façon remarquable, paraît-il, pour une fillette de quinze ans. Je donnerais je ne sais quoi pour relire ce devoir. Il m'est absolument impossible de me souvenir de ce qu'il contenait. Je sais seulement que je trouvais, à cette époque, des idées avec une facilité surprenante et que mon style coulait de source. J'en parle avec d'autant plus d'aisance que, brusquement, à la suite d'une fatigue, cette facilité est tombée. L'année d'après, la pauvreté du style n'avait d'égale que la pauvreté des idées. Et malgré mes études et mes efforts, j'en suis toujours restée au même point.

A seize ans, je changeai d'école. Noyée dans la masse des meilleures élèves de France, je tombai, du premier coup, dans la petite moyenne. C'était un rude choc pour mon orgueil. Je pris cela du très bon côté. Qui l'eût dit? Mon caractère, d'ailleurs, s'était bien modifié. Autrefois, sérieuse, grave, et un peu hautaine, sauf avec mes amies intimes, j'étais devenue très gaie, drôle même et infiniment sociable. Auparavant, je mettais mon amour-propre à faire mon travail seule et à aider les autres. Je pris l'habitude de quémander des renseignements et affectai de me moquer un peu de tout.

Puis vinrent les cours de philosophie, faits par un professeur homme, catholique pratiquant. Cours d'une merveilleuse clarté, pleins d'idées nettement posées et expliquées, — et, avec cela, entrecoupés d'anecdotes, d'exemples qui reposaient l'attention en complétant l'exposé. Ces cours produisaient sur moi une étrange impression. Je sentais leur valeur. (J'ai pu faire des comparaisons toutes à leur honneur). Mais ce qui me frappait surtout, à propos de la morale, c'est la sûreté avec laquelle notre professeur faisait la critique de tous les systèmes enseignés dans les diverses écoles. Je me rends compte aujourd'hui que la doctrine catholique était la base de la philosophie de notre professeur, et qu'à cette lumière, il saisissait mieux le vide et le faux des philosophies purement humaines. Mais ce qui me déconcertait, c'était qu'un homme dont j'étais obligée de constater l'intelligence fût catholique et surtout catholique pratiquant.

Excusez-moi si j'insiste sur ces cours ; mais ils marquent une date importante dans mon acheminement vers la lumière. Je ne perdais pas de vue le besoin et le désir de construire ma philosophie personnelle. Mais tout ce qu'on nous offrait était, sinon démoli complètement, du moins trop ébranlé pour que je l'adopte. Le stoïcisme pourtant m'attirait toujours ; mais je le trouvai trop dur et trop triste : il me revenait déjà des souvenirs d'Évangile.

*
**

Voici quel était mon état d'esprit au moment de la déclaration de guerre. Je ne croyais à rien, pas même à Dieu. J'avais gardé pendant longtemps l'habitude de faire ma prière le soir, me réveillant la nuit si je l'oubliais. Puis, un jour, brusquement, trouvant cela illogique, puisque je ne croyais pas ce que je disais et

n'y faisais même pas attention, j'avais cessé
de prier.

Un troisième deuil dans ma famille posa de
nouveau à mon esprit le problème de la des-
tinée. J'étais alors matérialiste et ne voyais
dans nos facultés intellectuelles que le résultat
d'un perfectionnement dans le jeu de nos
cellules nerveuses. Alors, après la mort, il
ne resterait rien de nous? Ce vide m'effrayait.
Je commençai à avoir ce que j'ai appelé depuis
« mes périodes de noir ». La lettre de condo-
léances d'une amie catholique pratiquante, que
j'estimais mais avec qui je n'avais pas encore
une grande intimité, m'avait étonnée par sa
douceur profonde, sa sérénité, sa grande
fermeté. J'entrepris avec elle une correspondance plus suivie et plus personnelle, espérant
je ne sais quoi.

J'attendais. J'avais déjà bien moins d'orgueil, plus d'angoisse. Je sentais ma volonté
anéantie par le régime annihilant de l'internat,
supporté avec conscience pendant huit ans ;
je ne voyais pas de fin ni de succès à mes
études. J'étais lasse de cette vie-là, je n'avais
rien en moi pour me redonner de l'énergie.

J'avais à cette époque une ardeur dévorante
pour la lecture. Je lisais tout ce qui me ombait
sous la main, des ouvrages de toutes les caté-
gories. Je vous recommande ce procédé si
vous avez envie de vous abrutir et de vous
aveulir. Les bonnes lectures que je pouvais

faire étaient perdues dans les autres. Un jour, j'ouvris le *Trésor des humbles*, de Maeterlinck. Il parlait de l'au-delà, mais pas précisément de Dieu. (Du moins n'avais-je pas su le voir ; je m'en suis aperçue plus tard). Il parlait de la communication des âmes dans des régions invisibles. C'était un peu vague mais reposant, cela m'enlevait de cette terre. Je me pris d'une belle passion pour Maeterlinck et me mis à copier fiévreusement presque tout le livre. Je copiais (sans faire attention à ce que j'écrivais, car cela n'allait pas assez vite), je copiais au lieu de travailler ; je copiais en passant mon examen (suivi d'un échec, cela va sans dire), je copiais le matin, le soir, à tous les instants libres. Et après, je me délectais de mes copies.

La guerre a dissipé les rêves, nous a mis en face de la brutale réalité. C'était le moment de faire appel à notre fermeté, à notre énergie. Je ne voulais plus abandonner mon travail alors que tout le monde avait tant à faire. Je repris mes études, mais comme externe, et me trouvai dans une famille dont je devais bientôt devenir l'amie. C'était une famille catholique pratiquante, avec de nombreux et beaux enfants. Entre tous les membres régnait une union parfaite. Que j'étais bien là, et que de bons exemples j'ai reçus pendant deux ans !

Jamais je n'avais vu une famille aussi merveilleuse. Je les enviais. Tous paraissaient si calmes, si sûrs de ce qu'ils avaient à faire! Tandis que je sentais l'instabilité, le néant autour de moi! Et je constatais une fois de plus qu'on peut être doué de toutes les qualités humaines, être intelligent, cultivé, généreux et en même temps catholique pratiquant.

Un autre préjugé était tombé: Je ne pouvais entendre parler du prêtre. Vous vous doutez de tous les lieux communs dont je me servais pour justifier cette phobie. J'eus l'occasion de voir un prêtre de près et de revenir sur mon parti-pris.

*
* *

Mon inquiétude, cependant, augmentait. La lecture du *Trésor des Humbles* avait orienté mes idées vers l'au-delà. Qu'y avait-il vraiment? Que devenions-nous après notre mort? Pourquoi vivions-nous? A quoi servaient notre morale, nos efforts, si nous devions ensuite rentrer dans le néant?

A un de ses derniers cours, notre professeur de philosophie, qui devait être mobilisé, étudia les *Rapports de la méthaphysique et de la morale*. Les postulats qu'il nous faut admettre sont les suivants : Libre arbitre — Valeur et dignité de la personne humaine — Immortalité de l'âme. Et, je crois — Existence de Dieu. Il me semble que je n'ai pas indiqué ce dernier

postulat sur mon cahier de cours parce que je
ne l'ai pas voulu. Mais je n'oserais cependant
pas affirmer qu'il nous ait été signalé. L'immortalité de l'âme, était-ce vrai? Souvent,
le soir, je m'endormais en pensant à mon
avenir. Je me voyais professeur, mariée, ayant
beaucoup d'enfants. Je voyais mes enfants
grandir, se marier à leur tour. Je berçais mes
petits-fils. Puis, ma vie bien remplie, je m'étei-
gnais au milieu des miens. Vraiment, je me
sentais mourir, mais je me sentais revivre
dans mes enfants. (J'aurais presque fait du
positivisme sans le savoir). Cela pouvait me
satisfaire. Mais si je ne me mariais pas? Si
je n'avais pas d'enfants? Je reçus un choc
au cœur. Non, je ne pouvais admettre le néant.
Je croyais en quelque chose d'immortel en nous
que j'appelais aussi l'âme.

Mais que devenait-elle? Quelque temps, j'ai
essayé de m'accommoder de l'idée de la trans-
migration des âmes. Mais je ne m'y suis pas
arrêtée. J'avais lu là-dessus des histoires telle-
ment abracadabrantes!

L'idée de l'infini commençait aussi à m'ob-
séder. Je rencontrais la notion de l'infini à
chaque pas. En arithmétique, la série des
nombres entiers est illimitée. En algèbre, un
nombre fini divisé par zéro égale l'infini. En

physique, les courbes représentant certains phénomènes vont à l'infini, etc.... Le soir, en
regardant les étoiles dans l'immensité du ciel,
j'essayais de me représenter l'infini dans
l'espace. Mais je ne pensais pas à Dieu. Ma
tête éclatait. Je sentais que je n'étais rien, rien
qu'un petit grain de sable, et je ne trouvais rien
autour de moi à quoi me raccrocher.

J'enviais la sérénité des croyants. Ceux qui
avaient la foi semblaient si calmes, si heureux!
Avaient-ils donc la clef du mystère? Y avait-il
une vérité? Eux la possédaient-ils? J'essayais
de me faire à cette idée qu'il n'y a pas de
vérité absolue, que tout est relatif. J'espérais
ainsi mettre fin à mes inquiétudes. Mais quelque chose de profond en moi se révoltait. Alors,
je ne voyais qu'une planche de salut : posséder
la foi. Je l'ai désirée du fond du cœur. J'ai
reçu, à ce sujet, des pages superbes de l'amie
dont j'ai déjà parlé. J'ai commencé à lire
l'*Imitation*. J'étais édifiée; mais je ne croyais
toujours pas. J'aurais voulu une révélation.
Je craignais de me suggestionner et d'avoir
ensuite une trop cruelle déception. J'étais
impatiente, et rien ne venait.

Les enfants ont des intuitions merveilleuses. Les fillettes avec lesquelles je vivais
avaient compris que j'évoluais, sans que je leur

fisse de confidences cependant. Je n'avais sans doute plus les sourires moqueurs, les demi-dédains de l'année précédente : et elles espéraient me voir faire mes Pâques. C'était encore trop tôt.

Je voulus ne plus penser à cela, je cherchai à m'étourdir par l'étude, la musique, les conversations. J'évitais de me trouver seule avec moi-même et, quand c'était obligé, je pensais à toutes sortes de choses futiles. Alors commença la série noire. Vous savez ce que c'est. Sans raison, tout marche de travers. Ce sont de petits tracas, de petits ennuis, des riens qui vous agacent, vous dépriment, comme des coups d'épingle, l'un entraînant l'autre : j'en fus accablée.

Une nuit, alors que je m'étais endormie désolée, n'ayant plus la force de réagir, brusquement, je me réveille, et je sens au cœur une joie qui m'inonde, une douceur, une paix envahissantes. « Non, nous ne sommes pas sur la terre sans raison, Dieu existe. Dieu nous a créés. Dieu nous a donné notre tâche et nous aide à l'accomplir. » Dieu ! J'eus à ce moment la sensation de la présence de Dieu. Je crus en Dieu et, depuis, je n'ai jamais douté un seul instant de son existence.

Mais de là à redevenir catholique, il y avait des montagnes. J'allais quelquefois à la messe pour entendre de la belle musique. Je ne comprenais rien à ce qui se passait à l'autel et ne m'en préoccupais pas. Je cessai d'aller à l'église pour un motif aussi profane et comme je n'en avais pas d'autre, ne croyant pas au catholicisme, ce fut l'abstention complète. Jusqu'au jour de la première communion de deux de mes élèves. Elles désiraient tant que je communie avec elles! C'était encore trop tôt. — J'assistai néanmoins à la cérémonie. Les souvenirs du plus beau jour de mon enfance m'emplissaient la mémoire. Le prédicateur que j'écoutais, les nerfs tendus, désirant et craignant à la fois des paroles qui me choqueraient, le Prédicateur nous parlait du Pain de vie, de douceur et d'amour. J'enviais tous ceux, petits et grands, qui, revenus de la table de communion, semblaient, la tête entre les mains, perdus dans la plus profonde et la plus réconfortante méditation. Je sentais nettement l'harmonie et la force morale de la religion catholique. Et je comprenais mieux qu'elle attirât les âmes. Mais était-elle la seule religion valable? Pourquoi d'autres ne seraient-elles pas aussi bonnes? Je savais que le catholicisme se dit religion révélée et que Jésus-Christ, son fondateur, est considéré comme Dieu. Sa divinité, évidemment, je l'avais longtemps niée. Et je vous avouerai

franchement qu'au moment de prendre une
décision, je n'ai pas pris la peine d'étudier
les preuves qui l'établissent et les origines
divines de l'Eglise. Mais je savais qu'elles
étaient prouvées, que des milliers de gens
intelligents le croyaient et que, le jour où je
voudrais, je pourrais m'en assurer : mon intelligence et ma sensibilité étaient satisfaites à la
fois.

Mais quoi! Pour revenir au catholicisme, il
ne suffisait pas d'en accepter la morale et les
dogmes, il fallait le pratiquer. La morale,
c'était la seule que notre professeur n'eût
pas critiquée. Les dogmes, certains dépassent
notre raison. Mais j'avais rencontré tant de
vérités que je ne comprenais pas et que de
plus intelligents que moi comprenaient! Je
n'avais pourtant pas la prétention de réduire
toute vérité aux limites de mon pauvre cerveau.

Restait la pratique, à commencer par la
confession. Cela, jamais! Mon orgueil se cabrait
encore. Et pourtant, avant même d'avoir acquis
une connaissance approfondie de la religion
catholique, je suis allée me confesser. Je sentais
le besoin d'une absolution divine; il fallait
que quelqu'un d'autorisé m'affirmât que j'avais
reçu le pardon de mes fautes et de mes égarements. Mais aurais-je le courage d'aller m'hu-
milier devant un homme?

Ce courage, j'ai voulu l'avoir. Mais j'étais bien décidée, au moindre froissement, à sortir du confessionnal en abandonnant tout. Dieu m'avait trop bien guidée pour m'abandonner au port; j'ai rencontré un prêtre excellent qui a su me dire ce qu'il fallait me dire.

Ce soir-là, j'avais des ailes. Je venais de passer avec succès les écrits de deux examens, et je venais de mettre mes affaires en ordre avec le bon Dieu.

Au retour, je relus mon catéchisme. Le lendemain, je communiai à une messe matinale. Quel saisissement pour mes amis de me voir auprès d'eux à la Table sainte! Ce fut une distraction, mais suivie de quelles actions de grâces! Jamais ils n'avaient exercé de pression sur moi. Jamais ils ne m'avaient parlé des questions religieuses. Mais ils avaient tant prié pour moi! J'ai su depuis toutes les prières qui ont été faites à mon intention, et je sens qu'elles m'ont tant aidée!

Quelques semaines après, je revenais dans ma famille, munie de mon diplôme, donc d'une situation (première grâce divine dans le domaine matériel, depuis ma conversion), et ayant retrouvé, avec ma foi, mon équilibre moral. Seulement, je rentrais dans un milieu sceptique, même hostile. Que deviendrais-je

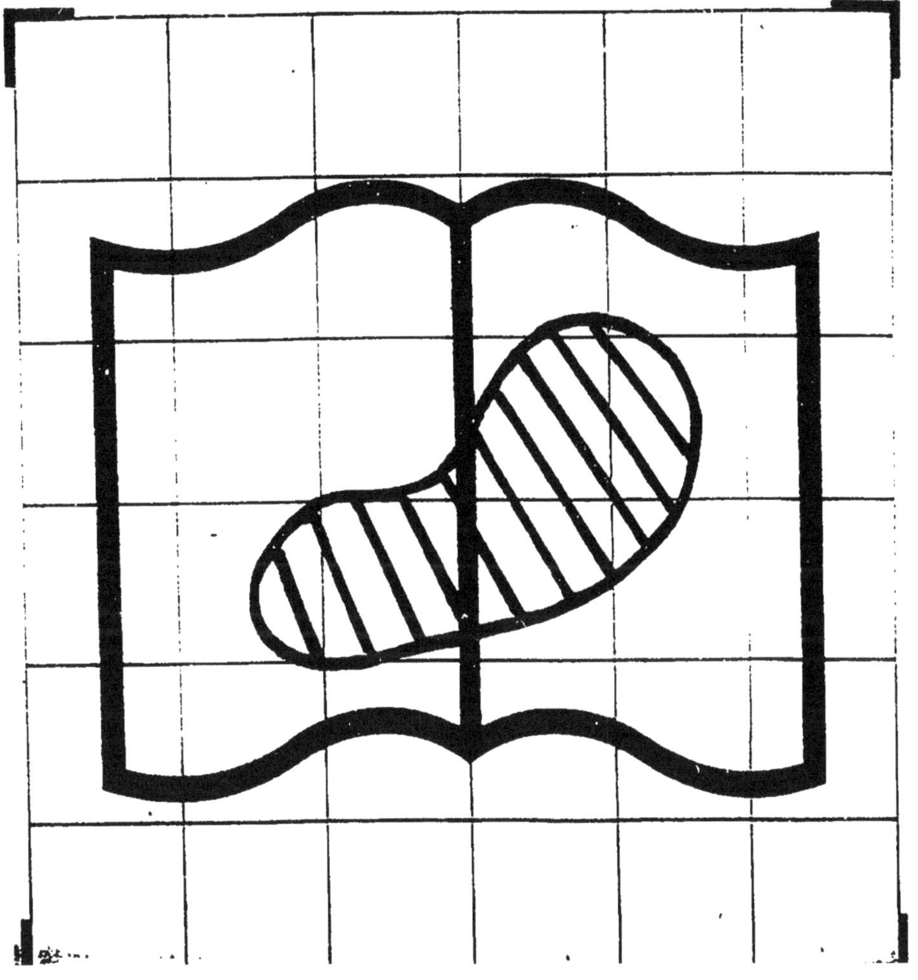

avec ma foi, ardente sans doute, mais encore insuffisamment fixée sur des idées?

La Providence, miraculeusement, m'a envoyée dans une ville où je devais rencontrer une amie bien chère. Avec mon caractère sentimental, peut-être serais-je devenue une « dévote » au sens péjoratif, si elle ne m'avait guidée. Elle m'a fait comprendre la nécessité d'approfondir la vie chrétienne et la connaissance du catéchisme. Elle a su me montrer que notre religion est une religion d'amour, non pas seulement entre Dieu et chacun de nous, mais entre nous tous par Dieu.

Immédiatement, nous avons organisé un petit cercle d'études où nous puisions, avec les joies de l'amitié, les lumières et les encouragements nécessaires pour bien remplir nos devoirs de catholiques.

C'est dans ces excellentes dispositions que nous trouva le *Bulletin*. Il répondait trop bien à notre désir d'aimer notre prochain, de l'aider, pour ne pas être accueilli avec joie. Les collègues catholiques abonnées au *Bulletin* nous semblent des amies de toujours. Parmi nous, qui ne se confierait spontanément à ses sœurs? Depuis près de trois ans que je lis et médite nos petites feuilles et que j'en suis les progrès, il me semble que je me suis familiarisée avec toutes leurs lectrices. Et c'est pourquoi je vous ai dit sans trop de peine les différentes étapes de ma vie intime.

***

J'ai perdu bien des années en oubliant Dieu, j'ai un ardent désir de réparer cette faute par un amour plus complet, une activité plus grande. Si, par cette confession, je puis aider une de mes sœurs inconnues à découvrir la maison de lumière et de paix, je ne regretterai ni mon effort ni mon travail.

Chères amies qui avez eu aussi le bonheur de revenir à notre religion, ne sentez-vous pas le devoir de nous en parler? Vite, une bonne détermination. A l'œuvre! Toute conversion ne peut être qu'édifiante. Soyons bien persuadées d'ailleurs que nous n'avons pas à en tirer sujet d'orgueil : la gloire tout entière en revient à l'infinie bonté de Dieu.

R. T.

III

D'Anatole France à Bossuet.

Seigneur mon Dieu, c'est en
vous que je mets toute mon espérance et tout mon appui; c'est
dans votre sein que je dépose
toutes mes afflictions et toutes
mes angoisses, car, dans tout ce
que je vois hors de vous, je ne
trouve que faiblesse et incons-
tance.

Imitation, liv. III, ch. 59.

Vous me demandez de raconter à la grande
et chère famille des lectrices du *Bulletin* mon
évolution religieuse. « Peut-être, dites-vous, ce
récit pourra-t-il éclairer certaines âmes inquiètes et même, la grâce aidant, leur inspirer le
courage de prendre des résolutions décisives ».
Si ces pages sincères pouvaient être, pour des
affamées de vérité, les messagères de Dieu, ce
serait bien ma meilleure récompense.

I

Voici, autant que je puisse m'en rendre
compte après les années écoulées, ce que fut
ma vie religieuse passée.

A douze ans, je fis une première communion fervente. Mon carnet de retraite, que j'ai retrouvé depuis, en fait foi à lui seul. Il était rédigé dans ce style enfantin que vous connaissez toutes pour l'avoir observé dans vos copies; mais peut-être vaut-il plus en foi simple et naïve que tout ce que j'ai pu écrire depuis.

Dans ma famille, on s'étonnait de me voir si pieuse et si recueillie, cette année-là. Tout le sens mystérieux et émouvant du christianisme m'attirait. Je me souviens que, chaque soir, je faisais de longues prières devant le petit autel improvisé qui s'ornait, suivant les mois, d'une Vierge, d'un Sacré-Cœur ou d'une petite crèche. Rien ne me causait un plus grand plaisir que les petits cadeaux pour *ma chapelle*. Je me souviens avec une joie tout enfantine du « petit Jésus » de cire, aux membres potelés, à la chevelure dorée et bouclée, que maman me donna en récompense et pour lequel il fallut confectionner une crèche de paille. Grand travail pour lequel mes petites mains inhabiles étaient embarrassées et qui fut fait par maman, un soir, à la veillée. Je me souviens aussi des petites bougies de stéarine transparente, bleues, roses, vertes, blanches, que tante me fournissait. J'étais si heureuse de les allumer chaque soir! Je faisais alors de longues prières, dont je me serais fait un scrupule d'omettre une seule formule, même dans les litanies de la Très Sainte Vierge, abandonnées plus tard, parce que je trouvais ce genre de piété long et fastidieux.

A quinze ans j'entrai à l'Ecole supérieure. Déjà, un refroidissement sensible s'était produit dans ma piété. Dans un milieu généralement indifférent, quelquefois hostile au christianisme, elle devait faire place à de l'indifférence.

Mes facultés intellectuelles se développaient rapidement et ma science religieuse restait stationnaire ou plutôt s'oblitérait lentement par l'effet de l'oubli. Il était d'ailleurs fort commode de vivre sans prières, comme la plupart de mes compagnes. A la messe, je rêvais souvent. Rarement cependant je m'amusais, comme certaines qui allaient à l'église uniquement pour se distraire et faire une promenade. J'avais encore conscience que c'était mal.

Quelques réflexions malveillantes à l'égard de l'Eglise, des leçons d'histoire où son rôle était presque toujours présenté sous un jour défavorable, achevèrent de ruiner la ferveur de mes douze ans. Des leçons de morale peut-être mal comprises, quelques exemples aussi m'aidèrent à me convaincre qu'on peut, sans religion et surtout sans l'Eglise, vivre d'une vie très droite et très généreuse.

Cette Eglise que je connaissais mal, ces Papes dont j'étudiais l'histoire avaient pu, à un moment donné, jouer un rôle utile dans la discipline des intelligences et l'education morale de l'humanité, insuffisamment libérée des superstitions païennes et mal entraînée au maniement de la raison. Mais ils avaient été corrompus avant la Réforme, pendant ce moyen-âge où l'esprit humain, oublieux de l'héritage intellectuel de la Grèce et de Rome, avait soudain sombré dans de profondes ténèbres. Cette définition de la Réforme n'en était-elle pas une preuve : « *La Réforme est une protestation violente contre la tyrannie que l'Eglise avait exercée pendant tout le moyen-âge sur les esprits et sur les peuples?* » Cette révolution religieuse, je l'admettais alors comme naturelle, juste et inévitable. L'opprimé luttant contre l'oppresseur, n'était-ce pas là le cri même de la nature? L'oppresseur avait-il d'ailleurs droit d'existence? Non. L'éducation de l'humanité étant faite, la raison ayant enfin reconquis ses droits, toute la tradition que prétend nous imposer le catholicisme, toute son autorité doctrinale étaient, sinon foncièrement mauvaises, du moins inutiles et encombrantes, comme le seraient les langes de l'enfant si on voulait y emprisonner les membres de l'homme fait. Ce raisonnement péremptoire m'inspirait pour l'Eglise et la religion une complète indifférence.

II

Le travail de désagrégation de ma foi fut complété par l'action des lectures. A seize et dix-sept ans, poussée par une curiosité insatiable, privée de toute direction, peu disposée d'ailleurs à recevoir des conseils contre lesquels se serait cabrée mon ombrageuse indépendance, je m'enfonçai, à l'aventure, dans le maquis de la littérature contemporaine, sans même songer à l'action que ces lectures pouvaient exercer sur mon esprit et sur mon cœur. L'influence morbide d'une compagne quelque peu névrosée devait me précipiter rapidement dans une littérature dont les complications détraquées déplurent heureusement de suite à ma nature ennemie des embrouillages et des détours, ennemie surtout des désordres et des déséquilibres.

Cependant je découvris Loti et je le lus presque en entier. Jugez de ce que je pouvais acquérir de courage et de volonté dans cette atmosphère de sensualité, de pessimisme et de désespérance. Enchantée par la poésie qui jaillit naturellement de l'œuvre, je ne prenais pas garde aux amères impressions de tristesse qui pourtant s'infiltraient en moi. J'en vins bientôt à rechercher ces impressions même, à me délecter de leur charme voluptueux qui m'introduisait dans des régions inconnues.

Ma pensée flottait dans une rêverie conti-
nuelle. Les seuls sentiments qui l'élevaient un
peu étaient peut-être quelques vraies jouis-
sances purement artistiques goûtées dans l'étude
de l'art grec et de l'art romain, du roman et du
gothique, que j'étudiais alors avec une ardeur
passionnée. Ce travail me garda sans doute de
lectures plus nuisibles encore qui m'eussent
peut-être définitivement perdue.

Cependant — et je lui dois cette justice —
je fus amenée par Loti même de l'indifférence
sereine au doute angoissant qui devait me
conduire à chercher quelque part une Vérité
que je ne possédais plus. En analysant certains ouvrages : l'*Inde sans les Anglais*, *Jéru-
salem*, la *Mort de Philæ*, je remarquai la
préoccupation anxieuse de l'auteur. Il avait
erré de contrée en contrée, de système en
système ; du fatalisme résigné de l'Islam au
Bouddhisme obscurci de rites et de formules,
il avait traîné ses souffrances intimes sans
pouvoir être consolé. Il avait cherché sur les
rives du Gange le motif de tant d'ascétismes,
sans pouvoir rien expliquer. Troublé par
l'affreux mystère du néant où étaient tombés
déjà bien des êtres chers, il avait interrogé
les vieux imans turcs et les hautains brahmines ;
il avait étudié, dans les langues connues seulement d'une élite d'ascètes, le sens des religions qui se meurent ; mais rien n'avait
répondu à son appel, trop orgueilleux peut-être.

Ce sens de l'au-delà angoissant et inévitable, se présenta dès lors à mon esprit. Qu'était-il? La religion de mes ancêtres, la mienne jusque-là, me donnait bien une réponse. Mais, cette réponse, je me refusais à l'admettre. Des objections se présentaient à mon esprit, toujours plus nombreuses et envahissantes. J'étais, sans doute, toujours vaguement déiste. J'admettais que je venais, ainsi que toutes choses, du principe éminemment créateur. Mais là se bornait toute ma théologie.

Je me souviens d'une discussion que j'eus, un jour, avec une amie d'enfance, restée à peu près croyante. Pour cette raison même, je l'invitai à m'expliquer le dogme de la résurrection de la chair. Puisqu'elle croyait, peut-être pourrait-elle m'en donner des raisons valables? Après pas mal de bredouillages, nous arrivâmes à la même conclusion que j'énoncerais ainsi : Ce dogme est pratiquement inadmissible. Il est en contradiction avec l'idée même que nous nous faisons d'un Dieu essentiellement juste. Serait-il juste, en effet, que ceux qui naquirent sur la terre infirmes, laids ou difformes, ressuscitent ainsi et supportent éternellement leurs infériorités physiques?

Cependant, une évolution se produisait en moi. Ayant un jour à traiter la question de la

nécessité d'un idéal moral, je me souviens
de m'être exprimée à peu près en ces termes :
Pour moi, tout idéal doit être basé sur la
Bonté et la Justice avec, pour récompense,
la fusion de la parcelle de l'âme tombée de
l'Etre Immuable dans cet Etre même.

Mais cette idée elle-même de Bonté et de
Justice devait. bientôt être ébranlée par de
nouvelles lectures. Mon système instable allait
bientôt s'écrouler.

Une amie me prêta les *Souvenirs d'enfance
et de jeunesse* de Renan. Je lus aussi la *Vie
de Jésus* où, sous des phrases ironiquement
respectueuses, le brillant écrivain s'attache à
découronner Jésus de l'auréole de sa divinité.
Mais le livre qui me fit le plus de mal fut
un roman d'Anatole France : *Thaïs*. Je fus
effrayée de l'inutilité de l'effort et du sacrifice
de Paphnuce. Dieu abandonnerait-il donc parfois
ses créatures au démon? Comment concilier
cela avec l'idée d'un Dieu infiniment bon et
miséricordieux ? A quoi bon prier et lutter
si nous ne pouvons échapper au triomphe final
du péché en nous?

Pendant plusieurs semaines, je traversai une
dure crise. Je ne pouvais plus et ne savais plus
prier. Persuadée que tout sentiment de foi
avait complètement disparu en moi, je m'aban-
donnais presque sans résistance aux impressions
subversives et décevantes produites par mes
lectures et aux réflexions qu'elles me suggé-

ıaient. Sur une nature sensible comme la mienne, ces états d'âme devaient creuser un profond sillon.

La fatigue physique produite par un bourrage intensif me privait des énergies nécessaires pour réagir. J'eusse pu commettre, à cette époque, n'importe quelle folie. Je m'en rends bien compte, maintenant que les années se sont écoulées.

J'avais conscience d'avoir perdu la partie. Il ne me restait plus qu'à consacrer ma vie à l'orgueil ou au plaisir, à m'enfermer dans un stoïcisme hautain ou à m'abandonner au gré de mes fantaisies et de mes caprices. Dieu, se souvenant peut-être de mes ardentes prières d'enfant, eut pitié de mon immense détresse.

III

Les vacances me surprirent dans cet état déplorable d'indifférente passivité. Elles devaient m'apporter plus de calme, le moyen de me refaire des forces physiques et des énergies nouvelles. Tout lien avec l'Ecole était à peu près rompu : quelques visites à un professeur que j'aimais et estimais, et ce fut tout jusqu'en octobre.

Je m'enfermai avec une âpre joie dans « ma tour d'ivoire », goûtant en dilettante mon isolement, recevant peu de lettres, écrivant moins encore. J'avais été durement désillusionnée par l'écroulement de mes idées et mon orgueil souffrait de cette constatation douloureuse.

Octobre vint. J'entrai de nouveau en classe, intérieurement décidée à taire ma détresse et à ne nouer avec mes compagnes que les relations polies strictement nécessaires. Un travail assidu et méthodique, destiné à réparer le temps perdu l'année d'avant en études capricieuses et fantaisistes, m'obligea d'abord à rompre avec mes rêveries romantiques.

Un contact presque continuel avec nos classiques disciplina mon esprit, l'entraîna au raisonnement et à la méthode.

Après trois mois de cet exercice, je n'étais déjà plus la même, j'étais intellectuellement prête à comprendre les aridités de la théologie, que je devais accidentellement aborder.

*
* *

Une compagne externe avait *Les Sources de la Croyance en Dieu*, de Sertillanges, et le bel ouvrage de Cristiani : *La Foi et les grands mystères*. Dans une visite que nous fîmes ensemble à un professeur protestant, en qui j'avais une grande confiance pleinement méritée, Louise parla de ces œuvres. Mademoiselle N***, devinant sans doute à mon attitude la crise douloureuse que je traversais, connaissant elle-même l'ouvrage du P. Sertillanges, me conseilla

de « m'initier un peu à la littérature religieuse » et de lire les livres en question.

Je commençai d'abord avec un simple sentiment de curiosité qui fit bientôt place à un
plaisir et à un intérêt toujours croissant. Mes
objections réfléchies tombaient, des difficultés
à peine conscientes s'aplanissaient. Je me
souviens encore d'un passage que je me surpris
à répéter souvent, presque inconsciemment et
comme poussée par une force supérieure :
« Dieu pense et Dieu aime. Sa pensée et son
amour occupent toute son Eternité. »

J'étais à présent convaincue de l'existence
d'un Dieu infiniment puissant et infiniment
bon, qui veille avec un amour paternel sur
les êtres qu'il a créés par pur amour.

Désormais, je n'étais plus aussi désemparée. Je
m'acheminais vers la « bienfaisante Lumière ».

L'Eglise, cependant, me paraissait encore
inutile et m'inspirait toujours les préventions
dont j'ai parlé. Bossuet devait contribuer à
les dissiper et porter à mon scepticisme un
coup décisif. Au programme du Brevet Supérieur était inscrit l'admirable *Sermon sur la
mort*. Le texte offrait des difficultés à des
esprits non préparés. Plusieurs fois, interrogée,
je fus embarrassée pour répondre aux questions
du professeur. Une de mes compagnes, nature

ardente et généreuse que j'observais depuis longtemps, inconsciemment peut-être, me parut avoir comme moi le désir de mieux comprendre l'orateur sacré. Nous nouâmes alors des relations intellectuelles et nous cherchâmes des documents. Je lus avec elle d'autres *Sermons*, des *Oraisons funèbres*. Je me mis à étudier la *Philosophie du Credo*, du P. Gratry. Toute une littérature religieuse que j'ignorais se découvrait à moi dans sa puissante austérité.

Je comprenais maintenant, en face de la complexité des problèmes soulevés, la nécessité d'une Eglise, non pas seulement aux origines de la prédication évangélique, mais aussi longtemps que l'homme aura besoin de connaître la véritable interprétation de l'enseignement divin, si facilement déformé par les sectes et par des penseurs aventureux, aussi longtemps que vivra l'humanité et que se succéderont les systèmes.

IV

Pendant le travail de réflexion dont je viens d'esquisser les grandes lignes, d'heureuses influences vinrent à plusieurs reprises me soutenir dans la lutte. La reconnaissance me fait un devoir de les signaler ici.

Chez des amis qui m'accueillaient dans leur *home* pendant les vacances, je pus vivre dans l'intimité d'un jeune homme de la trempe de Pierre Poyet, l'apôtre de l'Ecole Normale. C'était

une de ces natures très généreuses, ardemment
éprises de la beauté de l'idéal chrétien et
douées d'une volonté assez forte pour les
conduire très haut dans la réalisation de leur
idéal. Elève scientifique à l'Ecole Normale, Jean
avait retrouvé la foi à peu près totalement perdue au cours de ses premières études. Et maintenant qu'il n'est plus, je me rends compte de
tout ce qu'il valait. Il était pour moi presque
un frère, par suite des liens intimes qui unis-
saient nos deux familles. Et je me souviens de
l'admiration naïve que j'avais pour lui. Il
savait d'ailleurs admirablement approprier ses
conseils à mon intelligence novice. Inconsciemment, j'acceptais avec un respect qui m'étonne
encore ses moindres observations. J'avais conscience de sa supériorité morale, supériorité qui
ne m'écrasait pas et ne m'empêchait pas de
m'ouvrir facilement à lui.

Le premier, il m'avait parlé d'idéal. « Il faut
se former un noble idéal, digne de ses
croyances, disait-il, et le vivre ».

Je ne comprenais guère alors. Mais plus tard,
après sa mort sur le champ de bataille, en
Alsace, j'ai songé à cette belle âme d'apôtre,
infiniment attirante, qui, s'il avait vécu, j'en
étais sûre, m'eût soutenue et empêchée de
tomber dans le scepticisme et le doute.

La divine Providence continuait d'ailleurs
à veiller sur moi avec sollicitude. J'en eus
l'intuition très nette deux ans après.

Et tout d'abord, dans la compagne d'études que j'ai signalée plus haut, la toute miséricordieuse bonté de Dieu me donna une véritable affection. Dès les premiers contacts, ma résolution pessimiste de « ne point me faire d'amies » reçut un rude choc. Qui aurait pu résister au charme loyal d'une amie aussi sincère qu'affectueuse et délicate ?

Marguerite était restée croyante. Ce fut surtout ce qui m'attira, avec une certaine communauté d'idées et de sentiments, avec aussi une éducation à peu près semblable, qui nous isolait un peu de nos compagnes et nous poussa à des confidences trop longtemps renfermées.

— Elle sut comprendre ce qui me manquait. Et, ne voulant pas garder pour elle seule les conseils d'un prêtre intelligent et dévoué, elle m'amena à ouvrir en toute loyauté mon âme à ce même prêtre, qui devait me guider dans les chemins encore trop peu familiers de la foi.

Enfin, j'eus le bonheur de vivre pendant de longs mois au sein d'une famille profondément religieuse. Certes, l'acclimatation ne laissa pas que d'être quelque peu pénible. Sortie d'une vie d'études et de plaisirs profanes et brusquement transplantée dans un milieu presque monastique, je me trouvai d'abord un peu dépaysée. Puis, je me laissai gagner par le charme qui se dégageait de l'atmosphère familiale. Les lectures pieuses qui se faisaient chaque soir en commun m'attirèrent.

Je compris mieux ce que devait être la vraie religion. La passivité de la mienne m'effraya. Je sentis la beauté d'une foi forte et éclairée, exerçant autour d'elle une influence bienfaisante. Je compris aussi les vides creusés par mon ignorance. Visiblement, mon éducation religieuse était à reprendre par la base, si je voulais devenir une catholique convaincue et instruite, une apôtre à l'action profonde.

La miséricordieuse attention de la Providence me réserva alors une retraite, au moment même où j'étais préparée et bien décidée à en profiter pleinement. L'œuvre se précisa dans le recueillement et le calme. Jésus m'avait définitivement gagnée à lui. Et je pris des résolutions qui s'affermissent chaque jour, avec le divin concours de la grâce que Dieu ne refuse jamais aux âmes de bonne volonté.

V

Cette étude méthodique du christianisme dont j'avais senti l'impérieuse nécessité, je l'ai entreprise et je la poursuis depuis lors, dans la mesure où mes loisirs et ma santé me le permettent.

Encore incomplète, évidemment, car le champ des connaissances à explorer est immense, elle a déjà dissipé bien des ombres laissées par mes anciens doutes, développé en moi la lumière et la paix.

Une vue superficielle de l'histoire m'avait amenée à confondre la Tradition avec la vie des membres de l'Eglise. Les fautes commises par de simples fidèles et surtout par certains chefs de la chrétienté me faisaient considérer la Tradition comme inacceptable pour toute personne de bonne foi, dès qu'elle connaît les faits enregistrés par l'histoire.

Or je sais maintenant qu'il y a là deux choses bien différentes.

Dieu ayant voulu bâtir son Eglise sur des hommes fragiles et pécheurs sans leur conférer le privilège de l'impeccabilité, il est impossible que l'histoire ne constate pas, au cours des siècles, des défaillances par lesquelles se manifeste la fragilité de leur nature humaine.

Mais si elle enregistre bien des fautes, qui sont la part de l'élément humain dans la vie de l'Eglise, l'histoire nous présente aussi d'admirables fleurs de sainteté ; elle nous montre comment l'Eglise a toujours été, à travers les siècles, une merveilleuse éducatrice des âmes, un foyer rayonnant de vertu et d'idéal surnaturel.

Peut-être même est-ce là, à bien y réfléchir, une des meilleures preuves de la divinité de l'Eglise fondée par Jésus. Que des Saints fissent toujours école de sainteté, ce serait déjà, pour qui connaît l'humanité, un spectacle bien extraordinaire. Mais ce qui, au point de vue purement humain, est bien plus inexplicable, c'est que l'Eglise ait pu rester fidèle à sa mission sanctificatrice et produire, à toutes les époques, des modèles de vertu et de sainteté malgré l'insuffisance, la médiocrité et parfois l'indignité de certains de ses représentants officiels.

Ces défaillances de l'élément humain dans la vie de l'Eglise, le catholique le plus respectueux a le droit de les voir et de les déplorer, là où il les aperçoit.

Toute autre est la Tradition. Elle est la partie de l'enseignement divin qui n'a pas été consignée dans les écrits inspirés mais qui est venue jusqu'à nous par l'enseignement ordinaire. de l'Eglise, et par les livres, les documents, les prières, les usages où cet enseignement s'est exprimé.

Echo de la parole divine transmis par une Eglise que l'infaillibilité garantit de l'erreur, la Tradition est l'œuvre de l'Esprit-Saint. Elle ne contient aucun mélange de systèmes éphémères, d'opinions caduques et se distingue de la pensée personnelle de tel ou tel de ceux qui nous l'ont transmise. Aussi pouvons-nous et devons-nous l'accepter avec une confiance toute filiale, comme nous acceptons tous les enseignements de l'Eglise.

En vérité, qu'y a-t-il là qui répugne à notre raison ?

*
* *

Serait-il divin et pleinement satisfaisant pour la raison, déclarent les apologistes de la vie facile, l'enseignement de l'Eglise resterait sans utilité pour nous parce qu'il est manifestement impraticable. Et leurs plaisanteries ironiques découragent parfois les âmes, en leur faisant croire que la lutte contre le mal est impossible.

Est-ce bien vrai? Sommes-nous donc fatalement condamnés à céder à l'impulsion aveugle de nos instincts? Mais non! Est-ce que les âmes les moins généreuses ne gardent pas le souvenir très précis de telle ou telle circonstance où elles ont triomphé d'une tentation violente, où elles ont sacrifié l'orgueil, l'égoïsme, la haine, le plaisir au devoir? Est-ce qu'une éducation méthodique et persévérante de la volonté, appuyée sur la prière et sur la grâce divine, ne peut pas généraliser ces victoires partielles et faire de l'obéissance au devoir la règle de la vie?

Entre Celui qui a dit : « Bienheureux ceux qui pleurent! Bienheureux ceux qui ont faim et soif de la justice! » et les romanciers qui nous disent : Bienheureux ceux qui s'amusent! il est facile de remarquer une notable différence. Pour prouver la divinité de sa mission, Jésus a fait d'éclatants miracles. Où sont les miracles des flûtistes qui conduisent le troupeau d'Epicure? Pour prouver la beauté et la fécondité du sacrifice et de l'immolation, Jésus est mort volontairement sur la croix et des millions de

martyrs ont imité son exemple. Où est la
preuve du désintéressement des écrivains enri-
chis par une élégante pornographie?

VI

Depuis que j'ai retrouvé la foi, j'ai connu,
certes, des heures de trouble, des moments bien
pénibles de découragement. Mais toujours une
lumière sereine a brillé devant mes regards
et a illuminé ma route. Dieu ne laisse pas les
âmes dans la nuit. Et, pour peu qu'on s'aide
soi-même, il tend la main. J'en ai l'impression
chaque jour plus nette. Dans la prière, dans
la réception des sacrements, dans une intimité
plus complète avec l'enseignement du Christ,
j'ai trouvé une force que j'ignorais, une source
d'énergies sans cesse jaillissantes.

Aussi ne saurais-je trop remercier le Dieu
infiniment bon et puissant qui m'a guérie des
doutes déprimants, du pessimisme lâche, qui
m'a sauvée d'une vie inutile et gâchée en m'ap-
pelant à le connaître et à l'aimer.

A vous toutes, qui lirez ces pages sans art,
dictées par une grande affection pour des sœurs
dans la lutte contre le doute et l'inquiétude, je
voudrais que ma douloureuse expérience pût
être utile.

Une vérité existe. On vous l'a cachée ou
faussée et vous la cherchez.

Vous êtes loyales, vous êtes généreuses. Vous n'épargnerez aucun effort pour la trouver. Peut-être avez-vous déjà erré à travers l'étude décevante de divers systèmes philosophiques plus ou moins éphémères. Je voudrais vous persuader de faire un nouvel effort que, loyalement, vous ne refuseriez pas à d'autres religions que la nôtre, que vous avez peut-être déjà consacré à des études vers lesquelles vous attirait uniquement un vague snobisme intellectuel. D'une religion qui a formé notre pays, qui a su tempérer les ardeurs bouillantes de millions d'hommes, qui a seule sauvegardé, pendant les invasions des Barbares, ce que la civilisation antique avait produit de plus beau, d'une religion qui a pétri l'âme de vos aïeux et la vôtre, direz-vous, sans même chercher à contrôler cette affirmation, qu'elle n'est qu'une imposture ou un vague mythe?

Non, n'est-ce pas. Ce manque d'équité serait incompatible avec votre loyauté même. Vous chercherez et vous trouverez. Permettez à une de vos sœurs de vous dire ce qu'André dit un jour à son frère Simon : « Nous avons trouvé le Messie, c'est-à-dire (explique l'évangéliste), le Sauveur ». Allez à lui en toute confiance, et vous ne serez pas déçues.

J. D.

IV

Le Retour.

Entreprendre de fixer exactement quels chemins j'ai parcourus pour mon retour vers Dieu, voilà qui n'est pas facile. La foi de nos aïeux sommeille, couve dans l'âme, dissimulée sous une couche d'incrédulité superficielle. Ces germes, parfois ignorés, mais toujours vivants en nous, se développent par la réflexion personnelle, par l'observation sincère, des autres et de soi-même. Mais ce développement n'est pas la conversion; il la prépare seulement. La conversion, cet élan de tout l'être, cet abandon total et si doux, c'est l'œuvre de Dieu.

On peut revenir de très loin. Voilà ce qu'il importe de retenir, parce que cette constatation invite à l'espérance celles dont l'âme hésite et se trouble.

I

LA VIE DIVINISÉE. — LE MOI GLORIFIÉ

On m'avait appris que « nos devoirs ne sont pas les obligations imposées par un être imaginaire et abstrait; mais qu'ils sont les actes appropriés aux conditions réelles de notre existence et que nous commande le développement régulier conforme à l'ordre de nos facultés naturelles ». On m'avait bien parlé de l'opposition de « ceux qui ne veulent pas accepter l'enseignement de la morale séparée de la religion », mais on m'avait dit que « leur cause était jugée » et, tout naïvement, je le croyais. On m'avait dit encore: « Pas de métaphysique »; et l'on m'avait expliqué que la métaphysique se perd dans l'étude abstraite « du bien en soi, du devoir absolu » et que « ce n'est pas le bien en soi qui importe; c'est le bien tel que nous le connaissons, tel qu'il se révèle à nous dans l'intimité de la conscience ». J'en étais convaincue, je n'avais nul trouble quand j'affirmais le droit « d'appliquer à tous les hommes ce que la conscience individuelle aurait appris à chacun de nous! » Je ne doutais pas que l'on pût trouver dans la « raison naturelle » un solide point d'appui et, pour assurer la solidité de ses principes, pour garantir l'efficacité de ses recommandations, je ne croyais point qu'il fût nécessaire de faire appel aux croyances religieuses, aux dogmes chrétiens. Assurément, je ne niais pas la valeur de la morale chrétienne — et ce n'était pas sans une certaine complaisance que j'affichais mes sentiments de « tolérance » — mais, au vrai, l'Eglise m'apparaissait uniquement, selon le mot de Jules Payot, « un service de secours pour les âmes blessées, ou faibles, ou malades ».

Et j'étais fière de mon Idéal laïc!

Je pris possession de mon premier poste en octobre 1915. J'arrivai par un soir d'automne humide et triste sur le quai obscur d'une petite gare où personne ne m'attendait. La bourgade, que je vis le lendemain, n'était pas déplaisante; mais j'étais seule de mon espèce, on me tenait à distance, et moi, ardente à la tâche, je sortais peu. Pendant mes heures de loisir, je travaillais dur, pour la préparation de ma classe, puis je lisais beaucoup et au hasard.

C'est ainsi que j'absorbai avec avidité les œuvres de R. Rolland. J'étais jeune, libre depuis peu; j'avais soif d'espace, soif de bonheur. R. Rolland chantait la vie dégagée de tout ce qui peut l'assombrir, la vie largement goûtée, longuement savourée. Il glorifiait l'homme débarrassé de tous les « préjugés », l'homme qui, comprenant tout, excuse tout. Et j'admirais. A ma sortie de l'Ecole normale, R. Rolland fut le maître de ma pensée.

A. France m'arrêta aussi. Je relève dans mes notes personnelles : « Je viens de lire les *Opinions de Jérôme Coignard*. Ces pages m'ont déconcertée, déprimée. A. France est trop terrible, il ne laisse rien debout. La philosophie, la science? Sottises dont nous trompons notre éternelle ignorance. Il en va de même pour les religions et pour ce que l'on appelle justice, morale, amour, etc.... Je n'ai jamais rien lu qui m'ait autant troublée. Je préfère le *Jardin d'Epicure* aux *Opinions* parce que, cette fois, A. France apparaît capable de mélancolie, son ironie est moins cruelle, son scepticisme devient même douloureux parfois. Malgré cela, l'impression dernière est pénible. Les négations ironiques d'A. France me laissent découragée. »

Cette impression subsista longtemps. Puis je me redressai. Je ne voulais pas être une découragée. Toute frémissante, j'écrivis un jour, sur mon cahier de notes personnelles : « Pourquoi sombrer dans un pessimisme desséchant parce que je ne puis définir cette chose indéfinissable qu'est la vie? C'est peu sage. Vivre est une fin en soi ».

« Vivre est une fin en soi! » Il me fallait un absolu. Je ne connaissais pas Dieu, j'adorai la vie, je divinisai la vie, aperçue dans un rayonnement d'aurore et, sur son autel, mon imagination enivrée la servit passionnément.

J'aurais pu m'égarer jusqu'à me perdre. Je dirai plus loin comment la Providence veillait sur moi.

De là à me diviniser moi-même il n'y avait qu'un pas. Je le fis un an plus tard. A la fin de 1916, j'écrivis dans mon cahier confident :

« Je glorifie la vie qui ne revêt jamais une forme immobile. Je dois suivre la loi vivante. Aussi, j'en suis de plus en plus convaincue, je puis, sans remords, lutter contre les forces extérieures et intérieures qui tendent à retarder mon développement intégral. J'ai le droit et le devoir de réaliser, coûte que coûte, toutes les virtualités qui sont en moi. »

Sans m'arrêter trop à la forme emphatique de la phrase, je ne suis pas très fier d'avoir écrit cela. Mais puisque, d'après ce qu'on m'avait enseigné, il ne devait pas exister de juge au-dessus de ma conscience; puisque l'idée du devoir était « suffisamment fondée dans le sentiment de la dignité personnelle », comment ce respect de moi-même, base de ma morale, n'aurait-il pas pris la forme extrême de l'orgueil? Ce que nous respectons en nous-mêmes, n'est-ce pas notre supériorité? Chacun de nous est vite tenté de se croire le centre du monde quand les erreurs et les faiblesses de la conscience ne sont pas redressées au moyen de la parole de Dieu! Je ne le savais pas encore. Et d'ailleurs, des philosophes contemporains me donnaient l'absolution! En marge de mes impressions sur le *Jardin d'Epicure*, je vois écrit : « Après tout, je veux bien croire qu'autour de nous il n'y a rien et qu'en face « du cœur humain, fait d'impérissables appels, il n'y a que le mirage de ce qu'ils appellent »; mais alors j'aime mieux conclure, avec Barbusse, que « cela ne signifie pas notre néant, mais au contraire notre réalisation et notre divinisation : presque tout est en nous ».

II

L'INQUIÉTUDE. — L'OBSCURITÉ

J'en étais là quand je reçus la visite d'une de mes anciennes compagne·, dont j'avais gardé un excellent souvenir, mais que j'avais perdue de vue depuis plusieurs années. Je ne la reconnus pas! Elle me parla de sa vie présente, toute de désordre. Avec assurance, elle défendit sa cause par des arguments que j'aurais dû — étant donnée ma philosophie — accepter et approuver. Je l'entendis revendiquer le droit de se développer de telle sorte qu'elle pût atteindre le maximum de jouissance, à la seule condition de ne pas porter préjudice aux autres; mais à qui faisait-elle tort? N'était-elle pas dégagée de tout lien? N'avait-elle pas le droit de disposer librement de sa personne? A quelles obligations était-elle tenue? Y en avait-il d'universellement impératives et à quel titre? La loi du monde, les usages? Préjugés dont elle ne s'embarrassait point! Chacun était juge de ses actes. Elle ne se reprochait rien.

Je l'écoutai, stupéfaite de son calme.

Pendant la semaine qui suivit cet entretien, je ne cessai de songer à cette visite. Jusque-là, j'avais vécu dans les *hauteurs nuageuses de la théorie*. Placée en face de l'amoralité la plus absolue, je comprenais, pour la première fois, le danger de ces théories transportées sur le *terrain de l'action pratique.* Et je tremblais et je souffrais. Tout mon être intime se révoltait; tout ce qu'il y avait en moi de pureté et d'énergie protestait. Qu'était devenue l'amie d'autrefois, un peu coquette peut-être, mais sympathique tout de même parce que si généreuse dans ses élans!

Je songeai : Mais enfin sa conscience....

Et alors ce fut un éclair pour moi. La conscience? Mais si elle se trompe de bonne foi! Cela arrive et ce n'est pas si rare. On peut donc suivre sa conscience et mal agir?... Sans doute. Il y a des consciences perverties (j'en avais la preuve sous les yeux); il y a des consciences faussées par les habitudes, par l'éducation; il y en a qu'il n'est pas permis de suivre sans faire le mal. La conscience est bien *souveraine* si l'on veut — on ne peut obliger personne à agir contre sa conscience — mais elle peut errer et si, d'après elle, nous, nous faisons à nous-mêmes notre morale, si nous la prenons pour seule règle de nos actes, si nous n'avons pas de juge au-dessus d'elle, nous pourrons bien vivre en paix, mais nous n'en serons pas moins coupables souvent!

Mon trouble ne fit que grandir pendant les mois suivants. En dehors de mes heures de classe, je donnais des leçons particulières à deux jeunes filles de dix-sept et dix-huit ans. Avec elles, il arrivait que, portée par le sujet même, je prononçais, au cours de l'entretien, les mots « matérialisme, positivisme, évolutionnisme », etc... que je devais expliquer pour être comprise. Alors je voyais mes élèves s'intéresser, s'inquiéter, m'interroger. Leur inquiétude était la mienne et, pour leur répondre, je devais avant tout me ressaisir, faire régner l'ordre en moi. Je souffrais tant de mon instabilité ! Je lis dans mon cahier ces réflexions inscrites au lendemain de la visite dont j'ai parlé : « J'ai beaucoup lu, beaucoup absorbé. Je suis un être instable et très malheureux. Mes connaissances, toutes superficielles, me troublent dans la simplicité de mon cœur et ne me permettent pas de voir assez haut, assez loin pour que je puisse, par mes propres moyens, retrouver la sérénité. Je suis un tissu de contradictions. J'en arrive à ne plus savoir où s'arrête le bien, où commence le mal, à ne plus savoir même si l'un et l'autre existent ! » Puis quelques jours après : « La majorité des consciences souffrent du même mal que moi. Anarchie dans les idées, dans les principes directeurs, dans la conduite : voilà ce que j'observe chaque jour ».

Et enfin un peu plus tard :

« Par leurs questions où perce une inquiétude émouvante, mes élèves m'obligent sans cesse à revenir sur ce qui me trouble moi-même infiniment ! Parmi les innombrables systèmes de morale lequel suivre? Au nom de quel principe? Tous se contredisent. La morale indépendante de la métaphysique et de la religion, sur quoi l'appuyer? L'autonomie de la conscience, le respect de soi-même ne peuvent pas donner à la morale une base suffisamment sûre, j'en suis désormais convaincue. Qui donc m'éclairera? Où trouverai-je la certitude, la parole d'autorité dont j'ai besoin? »

III

VERS LA LUMIÈRE

Pendant que je me débattais ainsi, la mort élargissait son cercle autour de moi. J'avais perdu, en 1915, celle qui avait été ma compagne d'études, mon amie de tous les instants pendant mes trois années d'Ecole normale. Quelques mois plus tard, la mort m'enlevait un de mes professeurs, dont l'intelligente direction m'était bienfaisante. Enfin la guerre me prenait celui qui m'aidait à vivre. Près de lui, j'avais senti le domaine de l'instinct et de l'inconscient diminuer en moi. Demeurée seule, j'avais peur de tout ce qui s'agitait en moi d'obscur et de mauvais; surtout je souffrais d'une affreuse solitude d'âme.... Je n'insisterai pas sur ces douleurs. Je devais les évoquer parce qu'elles m'ont aidée à fuir l'erreur.

« Presque tout est en nous... » Hélas! à certaines heures de la vie, les appuis intérieurs s'écroulent, la confiance se meurt, la volonté trahit; plus rien ne subsiste en nous de ce qui faisait notre force et notre joie. Il nous faut chercher des raisons de vivre ailleurs, en dehors, plus haut que nous.

J'avais vu mourir autour de moi. J'avais connu la détresse terrible de ceux qui demeurent dans la solitude du cœur. J'avais vu tant de bras levés, comme les miens, vers un suprême secours, vers une suprême justice que, si je voulais nier un au-delà réparateur, la vie m'apparaissait comme une agitation vaine à laquelle je ne pouvais finalement me résigner.

L'amie la plus délicate était elle-même impuissante à me consoler; et cependant — j'y ai déjà fait allusion — la Providence me l'avait donnée pour me garder des égarements irréparables.

Mon amie E... était une catholique convaincue.

Jamais les questions religieuses n'avaient été discutées entre nous. D'un commun accord — nous qui avions établi notre union sur une entière confiance réciproque — nous avions gardé le silence, elle sur ses certitudes, moi sur mon trouble, parce que nous avions craint, l'une et l'autre, de dépasser notre pensée au cours d'une discussion. Nous ne nous en

reconnaissions pas le droit. Ainsi que mon amie
me l'a dit depuis, il y avait là une question
de probité intellectuelle.

Mais ce qu'elle ne pouvait empêcher, c'est
que, la regardant vivre, je fusse édifiée. Je
répondais un jour à une personne qui me
cherchait querelle au sujet des idées religieuses de mon amie E... :

« Je ne puis guère me permettre de juger
une religion que je ne connais pas; mais ce
que j'en aperçois au travers de cette âme si
haute, si sereine, si joyeuse dans le sens que
les chrétiens donnent à ce mot, m'enchante tous
les jours. Elle est une lumière qui éclaire,
attire, réchauffe. Je l'admire toujours plus.
C'est son calme surtout que je lui envie.
E... est merveilleusement équilibrée. Moi je
cherche toujours son centre de gravité ».

E... eut un jour à supporter une grande souffrance morale. Qu'elle fut belle dans la douleur,
avec quelle noblesse elle l'accepta! Comme son
désespoir fut calme et digne! Je me sentis bien
petite auprès d'elle; avec mes révoltes, je me
trouvai bien médiocre.

Je pris la résolution de travailler à me former
une âme harmonieuse comme la sienne.

J'avais soif de paix, oui, certes, mais je ne
voulais pas de cette paix au prix d'un mensonge. J'avais également soif de consolation;
mais je ne voulais pas être consolée par une
chimère. Mon esprit avait ses exigences autant

que mon cœur avait les siennes et je ne pouvais pas avancer beaucoup avant qu'elles fussent satisfaites.

C'est alors que je lus Brunetière. Je le connaissais déjà comme critique; mais je l'ignorais en tant que philosophe religieux. Son article : *Après une visite au Vatican*, fut pour moi une révélation. Il posait là, tout autrement qu'il ne l'avait fait jusqu'alors, la question du rapport de la religion et de la morale; il faisait sienne la parole de Schérer : « Une morale n'est rien si elle n'est religieuse ».

Quel soulagement ce fut pour moi d'apprendre, par Brunetière, qu' « il n'est pas possible de formuler une règle de conduite qui ne tire pas de l'absolu son origine et sa sanction » et que cette règle positive, elle nous vient de Dieu : « Nous la trouvons dans les Commandements ».

Je lus les *Questions actuelles*, quelques extraits des *Discours de Combat*. Et j'appris que la science et la religion ne s'opposaient pas, comme je l'avais cru si longtemps, mais que « chacune avait son royaume à part ».

Il m'apprit clairement que la prétendue « tyrannie du dogme » n'était « qu'une phrase », que le dogme n'était contraignant que comme l'est « la vérité même » ; mais que cette contrainte n'avait jamais empêché « la liberté de s'épanouir au cœur même du catholicisme ».

J'appris enfin — Brunetière me les signalait — qu'il existait de nombreux points de contact entre la pensée contemporaine et la doctrine catholique.

A la même époque, je lus l'*Imitation* et surtout l'*Evangile*, l'admirable livre où le divin se découvre à chaque page et mon âme, pénétrée de l'enseignement du Maître, sentit vivement qu'elle s'éveillait à une vie nouvelle.

IV

LE RETOUR

Mais mon éducation m'avait faite « raisonneuse » plus que raisonnable. J'avais beaucoup d'orgueil. Ces vices de l'esprit arrêtaient les élans de mon cœur. De toute mon âme, je souhaitais de l'aide. Elle me fut providentiellement envoyée.

La sœur de mon amie E..., atteinte par le doute, avait trouvé un généreux accueil et un prompt secours auprès de son directeur. A peine néophyte, elle se fit apôtre à son tour. Elle me livra les arguments qui l'avaient convaincue; elle me prêta les livres qui lui avaient été conseillés. Je lus ainsi les *Pages d'apologétique chrétienne ; l'Inquiétude religieuse*, de H. Bremond, le *Doute et ses victimes*, de Mgr Baunard. Et à mesure que je m'instruisais dans cette religion catholique avec laquelle mon âme avait tant d'affinités à peine soupçonnées, je trouvais si simple et si bon de croire! Le catholicisme satisfaisait à mes plus exigeantes aspirations et je gagnais à cela une paix qui ne se trouve que dans la vérité.

*
* *

Le 14 juillet 1919! Ce fut véritablement, pour moi, la fête de la Victoire et de la Paix!

Ce jour même, pour la première fois, mon âme recevait son Dieu!

La miséricorde du Seigneur est infinie. Vous toutes qui cherchez, vous ne peinez pas en vain, Il n'est pas une de vos souffrances, pas une de vos angoisses qui ne reçoive son prix. Que votre bonne volonté soit toujours prête, que vos appels soient humbles et vous serez entendues.

« Qui cherche la Vérité trouvera Dieu. »

M. L.

TABLE DES MATIÈRES

AVIGNON, IMP. AUBANEL FRÈRES